U0534528

本书系国家社科基金重大研究专项"'一带一路'沿线国家信息数据库"(项目批准号:17VDL001)成果。

国家智库报告 2020（7）
National Think Tank
人大国发院·国别研究系列

俄罗斯能源研究报告
（2019）

刘 旭 著

RUSSIA'S ENERGY RESEARCH 2019

中国社会科学出版社

图书在版编目(CIP)数据

俄罗斯能源研究报告.2019 / 刘旭著. —北京：中国社会科学出版社，2020.1

（国家智库报告）

ISBN 978－7－5203－5871－2

Ⅰ.①俄… Ⅱ.①刘… Ⅲ.①能源经济—研究报告—俄罗斯—2019 Ⅳ.①F451.262

中国版本图书馆 CIP 数据核字（2019）第 292269 号

出 版 人	赵剑英
项目统筹	王　茵
责任编辑	郭　枭
特约编辑	白天舒
责任校对	王佳玉
责任印制	李寡寡

出　　版	中国社会科学出版社
社　　址	北京鼓楼西大街甲 158 号
邮　　编	100720
网　　址	http://www.csspw.cn
发 行 部	010－84083685
门 市 部	010－84029450
经　　销	新华书店及其他书店

印刷装订	北京君升印刷有限公司
版　　次	2020 年 1 月第 1 版
印　　次	2020 年 1 月第 1 次印刷

开　　本	787×1092　1/16
印　　张	8.5
插　　页	2
字　　数	85 千字
定　　价	49.00 元

凡购买中国社会科学出版社图书，如有质量问题请与本社营销中心联系调换
电话：010－84083683
版权所有　侵权必究

"人大国发院·国别研究系列"
编委会

编委会主任 刘元春

编委会副主任 严金明　时延安　岳晓勇

编委会成员（排名不分先后）

　　杨光斌　时殷弘　陈　岳　金灿荣　宋新宁

　　蒲国良　陈新明　关雪凌　黄大慧　张勇先

　　金　鑫　杨　恕　王　振　戴长征　孙壮志

　　王逸舟　陈志瑞

总　序

许勤华[*]

中国人民大学国家发展与战略研究院"一带一路"研究中心集中国人民大学国际关系学院、经济学院、环境学院、财政金融学院、公共管理学院、商学院、社会与人口学院、哲学院、外国语学院和重阳金融研究院的相关人文社科优势学科团队，由许勤华教授、陈甬军教授、王义桅教授、王文教授、戴稳胜教授和王宇洁教授六位首席专家领衔，与中心其他成员共二十位研究员一起，组成了中国人民大学国家高端智库领导下的全校"一带一路"研究的整合平台和跨学科研究团队。

团队围绕"一带一路"建设与中国国家发展、"一带一路"倡议对接沿线国家发展战略、"一带一

---

[*] 许勤华，项目执行组长，中国人民大学国际关系学院教授，中国人民大学国家发展与战略研究院副院长、"一带一路"研究中心主任。

路"倡议与新型全球化、"一带一路"倡议关键建设领域四大议题（基础设施投资、文明互鉴、绿色发展、风险治理、区域整合）展开研究。致力于构建"一带一路"沿线国家信息数据库，并在大数据基础上，深入分析沿线国家政治、经济、社会和环境变化，推出"一带一路"智库丛书年度国别系列，为促进"一带一路"建设夯实理论基础、提供政策制定的智力支撑。国别报告对"一带一路"沿线关键合作的64个对象国进行分类研究，规划为文化系列、安全系列和金融系列三类。

  习近平主席倡导国与国之间的文明互鉴，强调了文化共融是国际合作成败的基础，深入了解合作国家的安全形势是保障双方合作顺利的前提，资金渠道的畅通是实现"一带一路"建设共商、共建、共享的关键。鉴于目前中国面临世界百年未有之大变局，"一带一路"倡议面临着巨大的机遇与挑战，因此我们首先完成国别研究的安全系列，希冀为"一带一路"合作保驾护航。在国家社科基金重大项目"'一带一路'沿线国家信息数据库"（项目组长为刘元春教授）完成后，数据库将在条件成熟时，尝试以可视化形式在国发院官网呈现。这也是推出国别报告正式出版物的宗旨。国发院积极为国内外各界提供内部政策报告以及产学研界急需的社会公共研究产品，是中国人民大学作为"世界一流大学"为国家社会科学建设贡献的一分力量。

感谢全国哲学社会科学工作办公室的信任,感谢项目其他两个兄弟单位上海社会科学院和兰州大学的协作,三家在"一带一路"建设重大专项国别和数据库项目研究中通力合作、充分交流,举办了各类学术交流活动,体现了在全国哲学社会科学工作办公室领导下一种成功的、新型的、跨研究机构的合作研究形式,中国人民大学能够作为合作研究的三家单位的秘书处单位深感荣幸。

前　言

　　俄罗斯是"一带一路"建设中的重要国家。2015年，中俄签署《关于丝绸之路经济带建设和欧亚经济联盟建设对接合作的联合声明》，开启了"一带一路"建设与欧亚经济联盟对接合作之路。2017年，两国共同确认开展"冰上丝绸之路"合作，将其作为带盟对接的重要补充内容。俄罗斯也是中国对外能源投资的重要对象国。俄罗斯的能源问题一直是学界、产业界及政府相关部门关注的重点问题。俄罗斯油气产业的发展不仅关系着俄罗斯国内的稳定与发展，同时也对国际能源市场和地缘政治产生重要的影响。随着我国企业与俄罗斯油气公司之间合作的加强，中俄的能源合作问题也越来越得到关注，成为影响双边关系和带盟对接的重要问题。因此，系统地分析俄罗斯油气产业存在的各种安全困境和风险有利于更好地理解俄罗斯的能源问题，也有利于我国政府和企业更好地开展对俄合作。

在习近平主席提出"一带一路"倡议之后，国内对相关国家的国别研究出现了显著的上升趋势。俄罗斯作为"一带一路"建设中最重要的国家之一，也是相关研究的重点。现有的国别研究更多着眼于对对象国全面的分析。分析的内容囊括政治、经济、社会、历史、文化等多方面。这种分析的益处在于能够更全面地把握对象国的总体特征，扩大读者对对象国知识容量的增长。然而，这种方式也存在过于宏观、缺少实证、缺乏重点的弊端。因此，本书采取通过对俄代表性经济部门进行集中分析的方式，来揭示对象国主要的政治经济特征。本书的研究对象国是俄罗斯，其代表性经济部门是油气产业。

本书集合了笔者对俄罗斯油气产业多年的观察和研究的成果。本书尽量采用最新的数据，从油气的储备和生产、LNG产业、金融、外部制裁等多个角度，对俄罗斯油气产业的自然与技术条件、政企关系和在国际市场上的地位等重大问题进行讨论，从而揭示俄罗斯油气产业的发展特征和面临的安全风险。笔者希望通过本书促进社会各界对俄罗斯能源经济和能源安全的理解，为政府和企业参与对俄能源合作提供参考。

摘要： 油气产业是俄罗斯最重要的经济部门，对俄罗斯的整体国民经济发展和对内对外政策制定具有重要意义。苏联解体后，俄罗斯的油气部门经历了由衰退到复苏再到平稳发展的过程。当前，俄罗斯的油气储量和产量均居世界前列，是全球重要的油气出口国。然而，俄罗斯的油气储量和产量集中分布于西伯利亚的中部、北部和远东地区，同时存在主力油田产量衰退的问题。未来俄罗斯油气发展的集中方向是北极和东部地区。LNG是俄罗斯油气产业未来的主要发展方向之一。亚马尔项目的启动和相关政府工作会议的召开为俄罗斯LNG产业的发展提供了新的机遇和政策环境。同其他油气生产国一样，俄罗斯也陷入对油气产业的依赖。与其他同类国家不同的是，俄罗斯对油气产业的依赖是全方位的，即油气产业不但没有阻碍，反而促进了其他产业的发展。因此，当油气产业面临困境时，俄罗斯整体经济受到的影响要比同类国家大得多。

俄罗斯油气产业发展离不开金融的支持，能源金融也成为理解俄罗斯能源产业特征的一把钥匙。俄罗斯油气产业的金融特征主要体现在政府与市场关系上。油气产业经历了由私人资本控制到国家强化管控的过程，油气产业的资金分配越来越倾向于政府。当油气价格下跌时，俄罗斯的政府和企业收入减少，因而不得不依赖外资，从而产生了"石油换贷款"等带有强烈融资特征的油气合作模式。作为油气出口大国，俄罗斯还试图通过创建新的油气期货交易工具以提升定价权和在国际市场上的地位。

然而，2014年以来欧美对俄罗斯的制裁给俄罗斯的油气产业发展造成了巨大的困难，这些困难主要集中在技术和资金方面。为此，政府调整了与企业的关系，在税收方面更多地让利于企业，同时企业也调整战略以应对制裁。这些措施产生了积极的效果。从短期的经营指标来看，俄罗斯的油气企业受到的影响远小于预期。总体上看，尽管遭遇了前所未有的外部经济制裁和油价下跌的双重压力，俄罗斯仍在油气储量和产量方面位居世界前列，通过与欧佩克组织加强合作、区别对待欧洲与其他周边需求国和开拓亚太市场等措施，克服不利的自然条件、油气生产和出口结构，力图强化在国际市场的影响，维持油气大国地位。油气开发的技术和资金挑战、欧美制裁导致的政企关系变化和全球能源市场结构的调整成为俄罗斯能源产业的主要安全问题。

关键词：俄罗斯；能源安全；油气产业

Abstract: Oil and gas sector is Russia's most important industry, which has tremendous meanings for the country's economic development and its domestic and foreign policies. After the collapse of USSR, Russia's oil and gas sector took a path from recession to recovery, then to stable development. Currently, Russia is one of the most important oil and gas exporter with reserves and production at the front ranks of the world. Russia's oil and gas deposits and production are concentrated in the central and northern area of Siberia and Far East, however, some principal fields have fallen into recession. Arctic region and Far East will be the next frontier for Russia's oil and gas sector. LNG is an emerging subsector and has bright future as the Yamal LNG project came into operation and the governmental strategy for LNG was introduced. Like other oil and gas producers, Russia is also suffering so called Resource Curse. But different from other producers, Russia's dependence on oil and gas is more serious. Oil and gas sector does not squeeze out other sectors but encourage in Russia, which means the slump of energy prices has heavier blow to national economy. Energy Finance is one of the key perspectives to comprehend Russia's oil and gas sector. Russia's energy finance mainly confines to the state-business relation. Russia's current government attempts to keep a controlling role in the sector and the distribution of the sector's rents between the state and companies inclines to the former. When energy prices decline, the oil and gas rents also fall down and force the government and companies to lend money from outside. A new energy cooperation pattern called Loan for Oil was introduced in the years of 2005-2009. Russia's government is trying to increase its pricing power and status in the international market with the help of national commodity futures trading of oil and gas. The economic sanction intrigued by the western countries deteriorated the business environment for Russia's oil and gas sector. Russia's oil and gas companies were encountered with double difficulties of capital and technology. In order to minimize the negative effect of the sanction, Russia's government started to make adjustments to its relation with oil and gas companies mainly in form of tax reduction and incentives. Meanwhile, Russia's oil and gas companies also changed the business strategy to survive in the circumstance of sanction. Those anti-sanction measurements achieved better results than expected. Short-term corporate operating performance showed that Russia's oil and gas sector was little damaged. Although with the unprecedent difficulties of economic sanction and downturn of energy prices, Russia's government struggle to maintain its positions in the international oil and gas market by improving the relations with OPEC members, differentiating West European countries with East Europeans and other consumers of Russian oil and gas products, and strengthen cooperation with Asian Pacific countries. The lack of capital and technology for oil and gas exploration, the unstable state-business relation impacted by western sanctions, and the structural change of the global energy market constitute the major challenge to Russia's energy sector.

Key Words: Russia, Energy Security, Oil and Gas Industry

目 录

一 俄罗斯的油气产业 ……………………（1）
 （一）增长趋势逐渐放缓 ……………………（1）
 （二）凝析油在促进原油产量增长方面的
   作用增大 …………………………………（2）
 （三）原油产量增长带动伴生气产量增长 ……（7）
 （四）东西伯利亚、远东及北极地区成为
   原油产量增长的主要地区 ……………（8）
 （五）勘探投入保持稳定增长 ………………（10）

二 俄罗斯的液化天然气产业 ………………（13）
 （一）萨贝塔LNG产业发展会议 ……………（14）
 （二）市场份额扩大和技术国产化 …………（16）
 （三）俄罗斯发展LNG的优势与劣势 ………（18）
 （四）亚马尔项目与中国的角色 ……………（21）

三 俄罗斯的油气依赖 ………………………………（24）
（一）油气依赖的表现 ……………………………（24）
（二）油气依赖与政府的调控 ……………………（28）
（三）油气依赖及对中国的影响 …………………（30）
（四）俄罗斯如何对应油气依赖 …………………（31）

四 俄罗斯能源产业中的金融因素 ……………………（34）
（一）从能源金融资本到国家资本的
变迁 ……………………………………………（34）
（二）石油换贷款 …………………………………（40）
（三）交易所平台的石油交易与价格
决定 ……………………………………………（48）

五 欧美制裁与俄罗斯油气企业发展 …………………（53）
（一）油气产量变化 ………………………………（53）
（二）经营业绩变化 ………………………………（59）
（三）俄油公司的偿债能力 ………………………（65）
（四）资本投入变化 ………………………………（69）
（五）资产重组与国际合作 ………………………（72）

六 俄罗斯政府与油气产业反制裁 ……………………（75）
（一）政府对行业的援助 …………………………（75）
（二）企业的反制裁措施 …………………………（82）

七 俄罗斯在国际油气市场中的地位 …………（87）
　（一）油气生产和出口位居世界前列 ………（87）
　（二）俄罗斯与国际原油定价 ……………（91）
　（三）俄罗斯政府提高国际油气
　　　　市场地位的努力 ……………………（99）

**附录　当前俄罗斯主要大中型 LNG
　　　项目介绍** ………………………………（109）

参考文献 ……………………………………（112）

一 俄罗斯的油气产业*

受油价上升影响，普京时代的俄罗斯原油生产总体呈上升趋势。除2008年外，其余各年都实现不同程度的增长。特别是2014年，尽管下半年开始石油产业遭受制裁的实质性的打击，同时国际油价迅速下跌，但俄罗斯全年原油产量仍实现了0.7%的增长。①

近年来俄罗斯原油生产的特征可总结为如下几个方面。

（一）增长趋势逐渐放缓

普京第一任总统任期内，原油生产的年增长率达到7%以上，2003年增长率达10.8%，为2000年以来最高值。2005年以后增长逐渐放缓，截至2012年，年

---

* 本书为国家社科重大研究专项"推动绿色'一带一路'建设研究"（18VDL009）与国家社科一般项目"新时代中国能源外交战略研究"（18BGJ024）的阶段性成果。

① 欧美制裁重点打击的是俄罗斯长期的油气生产能力，因此短期内俄罗斯油气产量受到的影响较小。此外，尽管油气价格在2014年后半年迅速下跌，但以全年均值计算的跌幅只有6%，几乎可以忽略不计。

增长率维持在1%—2%之间。2013年和2014年的年增长率均低于1%，2017年甚至出现了负增长。这反映出俄罗斯原油生产已接近拐点，如不能迅速开发新的油气资源和积极促进技术进步，未来原油生产极有可能陷入停滞甚至衰退。

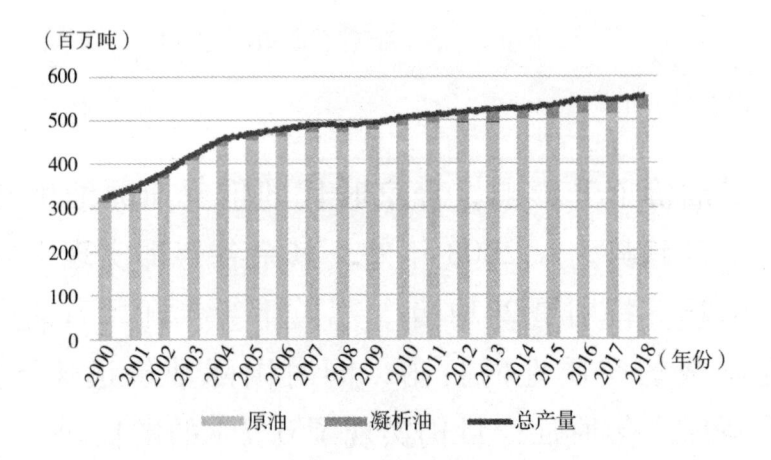

图 1-1 俄罗斯原油（含凝析油）产量变化

资料来源：俄罗斯统计局。

（二）凝析油在促进原油产量增长方面的作用增大[①]

凝析油产量在原油（除凝析油外）产量增长的同

---

① 本村真澄和 J. Henderson（2015年）均提出同样的观点。本村在分析时借用 BP 统计和美国油气杂志（Oil and Gas Journal）的统计数据来计算俄罗斯凝析油产量。因为一般认为 BP 统计中的原油产量为全部原油产量，而油气杂志统计的原油产量为剔除凝析油（Condensate）和凝析液（NGL）后的纯原油产量。本书中的凝析油产量数据来自俄罗斯统计局。参见本村真澄「ロシア：油価下落のロシア経済と石油生産に及ぼす影響」,『石油・天然ガス資源情報』2015年1月。

时也迅速增长。2000年以来，除2007—2009年出现负增长外，其余年份均实现增长，且增幅远大于同期原油（除凝析油外）产量增幅。根据俄罗斯统计局的数据，2000—2018年凝析油产量的年均增长率达到6.7%，而同期的原油（除凝析油外）产量的年均增长率为3%。凝析油成为俄罗斯原油产量增长的最大动力来源。

此外，凝析油在全部原油产量中的份额也在逐步升高。2000年，凝析油在全部原油中的份额比重约为3.2%，2018年这一比重升至约6%。

凝析油一般被认为是天然气的伴生产品。① 因此，其产量变化与天然气具有很强的相关性。② 通过对比图1-2和图1-3，可以看出这一规律在俄罗斯也非常适用。俄罗斯近年来天然气产量的增长带动凝析油产量的增长，且产量波动趋势也几乎一致，这说明天然气产业的发展对石油产业也有重要影响。

---

① 必须指出并不是所有凝析油都来自天然气田，也有单独的凝析油田的存在。

② 根据本村真澄的分析，天然气大国美国和伊朗也同时是凝析油生产大国。参见本村真澄「ロシア：低油価でも増産を維持するロシア石油産業－コンデンセート増産の効果」，『石油・天然ガス資源情報』2015年8月。

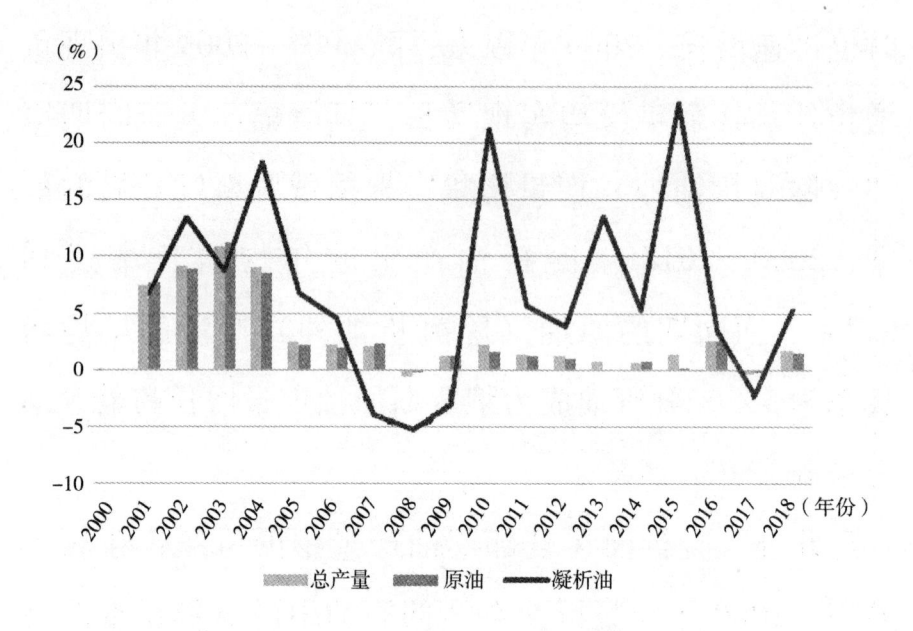

图1-2 俄罗斯原油（含凝析油）产量增幅变化

资料来源：俄罗斯统计局。

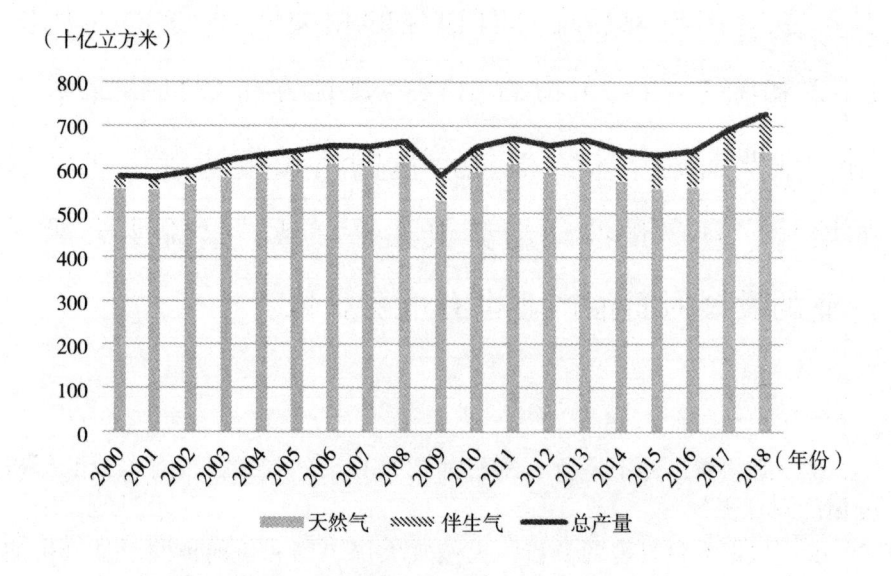

图1-3 俄罗斯天然气（含伴生气）产量变化

资料来源：俄罗斯统计局。

(百万立方米)

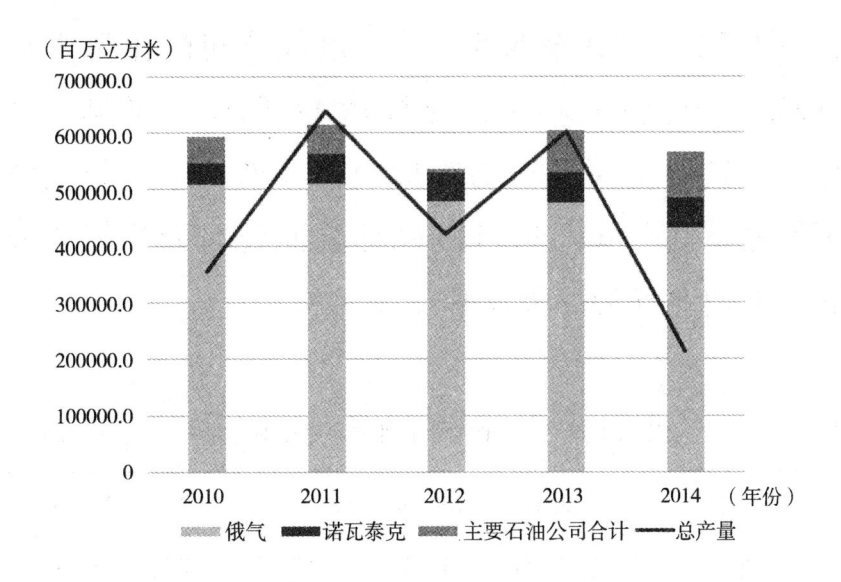

图 1-4 俄罗斯天然气（含伴生气）产量变化

注：俄罗斯天然气总产量对应右坐标轴。
资料来源：俄罗斯能源部。

近年来带动俄罗斯天然气产量上升的是诺瓦泰克公司和石油公司，而非俄罗斯天然气公司（以下简称"俄气"）。2010年以来，俄气公司的天然气产量持续下降，已从将近5097亿立方米降至4320亿立方米。诺瓦泰克公司则从377亿立方米上升至536亿立方米，而主要石油公司合计产量则从458亿立方米上升至807亿立方米，涨幅高达76%。此外，从生产份额来看，俄气公司的份额在逐渐缩小，其他公司的比重逐渐上升。诺瓦泰克公司的比重从2010年的5.79%上升至2014年的8.36%，同期主要油气公司小计比重则从7.04%上升至12.61%，其中俄油公司的比重增加最大，由 1.76% 上升至 5.83%[①]。俄气公司的比重则从 78.19% 下降至 67.48%，降幅达 11.01%。可见，由天然气产量增长而带动的凝析油产量增长中，起主要作用的是石油公司。这可以说是石油公司天然气业务发展对原油业务的一种反哺作用。

表 1-1　俄罗斯天然气（含伴生气）生产中各公司比重　（单位：%）

年份	2010 年	2011 年	2012 年	2013 年	2014 年
俄油	1.76	1.76	1.92	4.34	5.83
卢克	2.36	2.38	2.59	2.72	2.93
苏尔古特	2.06	1.93	1.89	1.80	1.48
俄气石油	0.46	1.06	1.33	1.70	1.85
鞑靼	0.12	0.12	0.13	0.13	0.14
巴什基尔	0.06	0.07	0.06	0.07	0.09
罗斯	0.22	0.23	0.25	0.25	0.29
主要石油公司小计	7.04	7.55	8.17	11.01	12.61
俄气	78.19	76.01	73.09	71.26	67.48
诺瓦泰克	5.79	7.95	7.79	7.93	8.36
主要天然气公司小计	83.98	83.96	80.08	79.19	75.84
全国总计	1W	1W	1W	1W	1W

资料来源：俄罗斯能源部。

[①] 俄油公司比重增加需考虑其并购 TNK-BP 公司的因素。

（三）原油产量增长带动伴生气产量增长

与天然气产量增长带动凝析油产量增长原理相同，作为原油生产的副产品，伴生气的产量变化也与原油产量的变化趋势相接近。自 2000 年以来，伴生气产量一直保持稳步增长，几乎没有受到油价变动太多的影响。随着加工技术的发展和运输条件的改善，伴生气的利用率也逐渐提高，近年来一直保持在 87% 左右。由于伴生气主要来自油田，因此其产量增长的收益方主要为石油公司。伴生气为石油公司提供了额外的资源和收入，成为石油公司原油业务良好的副产出（side business）。

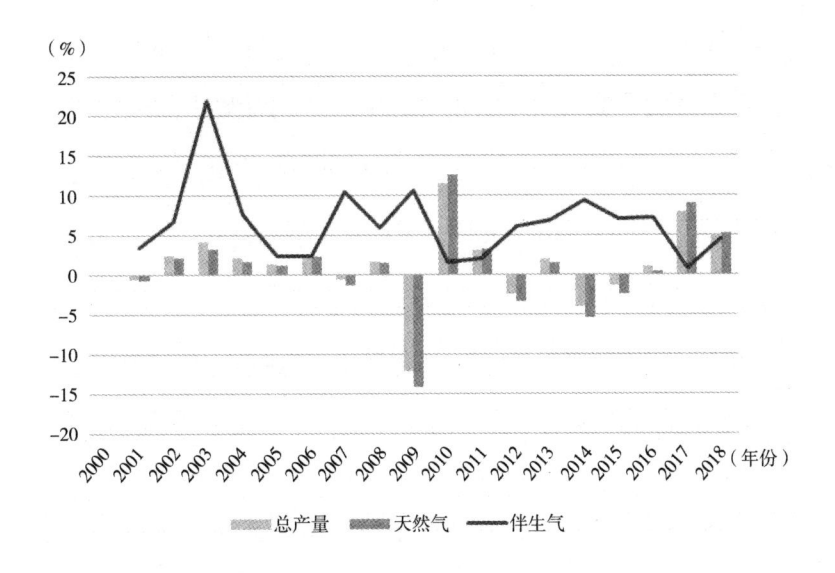

图 1-5　俄罗斯天然气（含伴生气）产量增幅变化

资料来源：俄罗斯统计局。

（四）东西伯利亚、远东及北极地区成为原油产量增长的主要地区

自《2030年前能源战略》公布以来，俄罗斯政府多次强调开发东西伯利亚、远东及北极地区油气资源的重要性。从实际的产量变化来看，东西伯利亚和远东地区的产量确实保持稳定的增长态势。2000年，东西伯利亚地区（即西伯利亚联邦区）的原油产量仅为700万吨，2014年已上升至约4800万吨，增长了近7倍。[①] 远东地区（即远东联邦区）的原油产量也从2000年的380万吨，上升至2014年的2300万吨，增长了近6倍。伴随着原油产量的增长，两地区产量在全国总量中的份额也在不断攀升。东西伯利亚地区的份额在2000年仅为2%，远东地区为1%。到2014年，两地区的份额分别上升至9.1%和4.4%。此外，从增量比重上来看，东西伯利亚和远东地区对2000—2014年间俄罗斯原油产量的贡献率约为30%，而2006—2014年间（东西伯利亚—远东管道开始建设和运营）的贡献率则高达110%。

与东西伯利亚和远东地区相对应的是西西伯利亚

---

① 严格来讲，西伯利亚联邦区中的托木斯克州和奥木斯克州不包括在油气领域中的"东西伯利亚地区"概念范围之内。不过，由于这两个地区产量占全国总产量的比重较小，同时近五年来并未有显著增长，因此本书暂以西伯利亚联邦区产量代替"东西伯利亚地区"产量。

地区的原油产量近年来逐渐下降。西西伯利亚地区是俄罗斯原油的主要生产地区。2000—2006 年俄罗斯原油产量大幅度增长的主要原因是该地区的恢复性增长。然而，从 2007 年起，该地区的产量开始衰退。与此相对应的是该地区产量占全国产量的比重也迅速下滑，从 2005 年最高时的 68% 降至 2014 年的 57%①。然而，尽管该地区产量进入衰退区间，但衰退幅度却远低于专家预期。② 2006—2014 年该地区的产量减少了近 2700 万吨，总体降幅为 8.2%，年均降幅仅为 1.3%。其中，2014 年的降幅为 1%，低于近年来平均水平。

西西伯利亚地区原油产量降幅得到有效抑制主要有两个原因。一是石油企业加大了该地区既存油田的勘探和生产投入，增加了老旧油田的剩余生产潜力。俄罗斯某油气行业咨询公司的调查表明，俄罗斯油田的平均油井深度从 2005 年的 2410 米逐年递增，2014 年达到 3185 米。③ 更深层的油藏的生产能力因而得到释放，这对提高老旧油田的生产水平具有重要意义。二是在西西伯利亚地区的北极圈外部分（主要是亚马

---

① 这里用乌拉尔联邦区的产量表示西西伯利亚地区的产量。如前注所属，西伯利亚联邦区的托木斯克州和奥木斯克州的产量也应算入西西伯利亚地区产量之中。

② 普遍认为西西伯利亚地区的原油产量的年度降幅将会逐年递增，近期将达到 8%。参见 J. Henderson, "Key Determinants for the Future of Russian Oil Production and Exports", OIES Paper：WPM 58, April 2015。

③ 转引自欧亚钻井公司（Eurasia Drilling）季度报告。

尔地区）的新油田陆续投产。这些新油田的产量部分抵消了老旧油田的产量衰退。

（五）勘探投入保持稳定增长

俄罗斯原油产量持续增长的同时，勘探投入也在稳定增长，并带动储量的持续增长。甚至在2009年之后，尽管原油增长放缓，勘探投入仍保持增加态势。俄罗斯勘探投入由联邦资金投入和企业投入两部分组成。勘探总投资在2014年达到2907亿卢布，比2009年增长77%。其中，企业投入约占总投入的88%，达到2550亿美元，是2009年的1.75倍；联邦资金投入达到357亿卢布，5年间增长了89%。

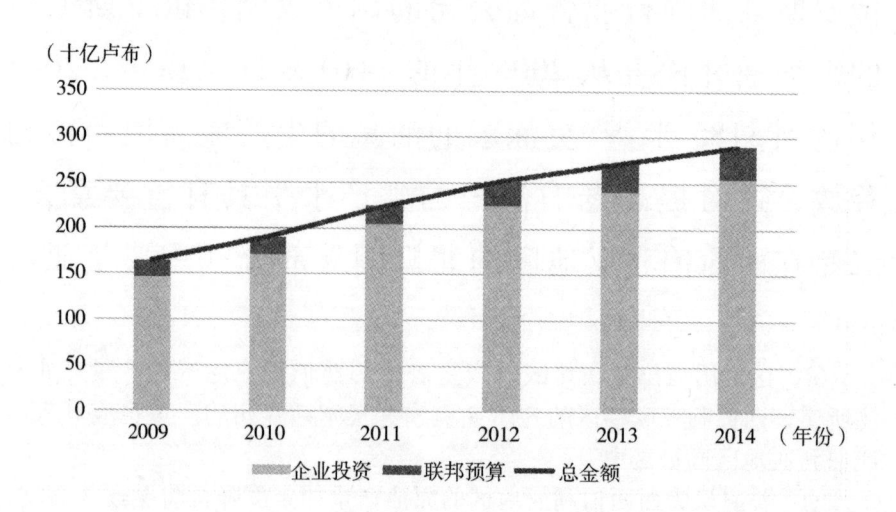

图1-6 俄罗斯勘探投资结构与变化

资料来源：俄罗斯自然资源和环保部。

俄罗斯联邦和企业对勘探的重视促进俄罗斯油气储量的逐年增长。近年来，尽管原油产量增速放缓，但由于勘探投入持续增加，油气储量加速增长。2010年以来，俄罗斯原油储量的年增加量维持在7亿吨以上，大幅度超过当年原油产量。天然气储量增长同原油相似，2014年新增储量接近当年产量的2倍。

储量的增加由两部分组成：纯粹的新增探明部分和对现有储量的重估部分。前者更能反映政府和企业对产业长期发展的重视程度，用于勘探的政府资金也几乎全部用于此部分；后者则更反映企业生产活动的效果，即在生产过程中对储量重新理解的程度。总体上看，这两部分近年来呈同步增长趋势，但显然纯粹的新增探明部分要远高于重估部分，单靠重估部分不足以覆盖当年的产量。因此，尽管重估部分对储量的增加具有重要作用，但纯粹的新增探明部分才是未来储量增长的关键。通常油价下跌时，石油公司会削减勘探开支，受影响最大的是纯粹的新增探明部分。因此，在油价下跌和欧美制裁的双重影响下，俄罗斯政府和企业勘探政策的变化将直接对未来的油气生产产生影响，这一点值得密切关注。

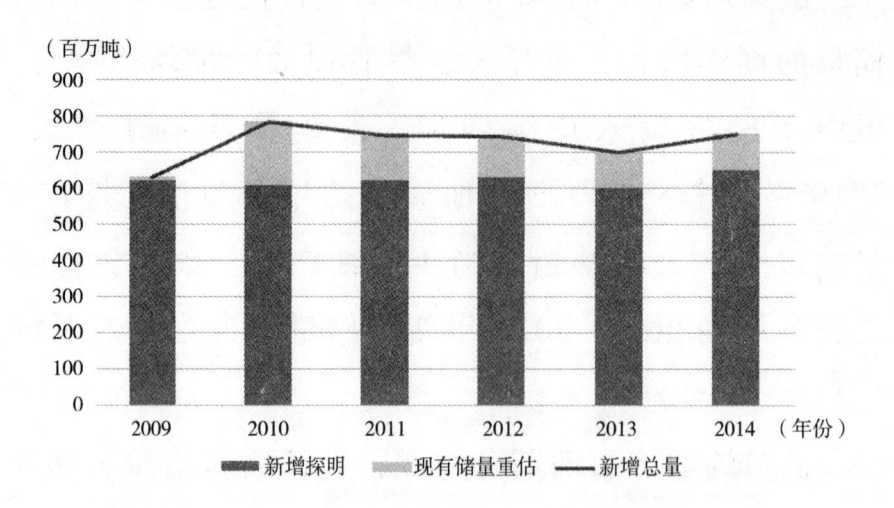

图 1-7 俄罗斯原油新增储量 (A+B+C1) 变化

资料来源：俄罗斯自然资源和环保部。

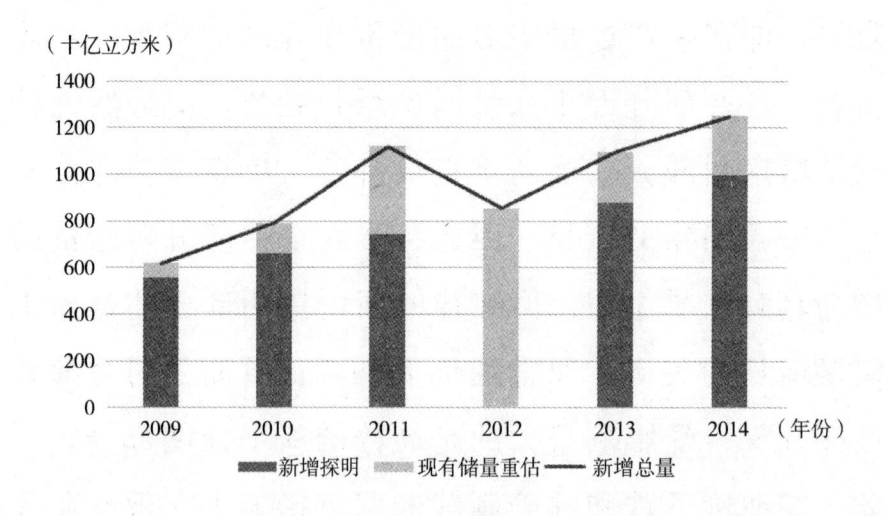

图 1-8 俄罗斯天然气新增储量 (A+B+C1) 变化

资料来源：俄罗斯自然资源和环保部。

二 俄罗斯的液化天然气产业

LNG是全球天然气运输的两大方式之一（另一种为管道）。俄罗斯是全球最大的天然气出口国，但出口方式严重依赖管道，LNG出口量仅占总体的不到7%。放眼全球市场，俄罗斯的管道气出口份额接近26%，而LNG仅为4%。近年来的发展趋势显示，全球天然气贸易中LNG的比重在不断上升。LNG相比管道气具有极高的灵活性，不受固定线路的束缚，且不像管道气要受到与过境国的政治关系的影响。① LNG的市场发展和其自身优势加强了俄罗斯领导层发展LNG产业的紧迫感和危机意识。

2017年12月8日，饱受关注的亚马尔液化天然气（LNG）项目举行了启动仪式。该项目是俄罗斯首个由本土企业诺瓦泰克公司全程担任作业者的LNG项目，

---

① 许勤华、蔡林、刘旭：《"一带一路"能源投资政治风险评估》，《国际石油经济》2017年第4期。

也是俄罗斯当前最大的 LNG 项目。俄罗斯总统普京冒着零下 30℃ 的严寒亲自出席启动仪式。当普京参观完 LNG 工厂设施返回控制中心后,工程师问道,"您觉得这地方怎么样",他答道,"绝对是美景"。俄罗斯正试图以亚马尔项目的启动为契机,制定雄心勃勃的 LNG 发展战略,使其成为俄罗斯对外能源战略中的"美景"。然而,一系列结构性因素的存在使俄罗斯在发展 LNG 产业方面优势与劣势并存。

(一) 萨贝塔 LNG 产业发展会议

2017 年 12 月 8 日亚马尔 LNG 项目启动仪式当天,俄罗斯总统普京在项目所在地萨贝塔主持召开了 LNG 产业发展会议。总统就 LNG 产业问题召开专门会议,在俄罗斯历史上尚属首次,这一会议具有里程碑式的意义。普京在会议上强调了亚马尔 LNG 项目的建设和启动对俄罗斯的重要意义:亚马尔 LNG 项目是俄罗斯国内最大的 LNG 项目,不仅对天然气产业,还对俄罗斯整体经济发展具有明显的带动作用:带动俄罗斯在全球 LNG 市场的份额增长,进而巩固俄罗斯全球能源大国的地位;带动极北和远东偏远地区的发展,改善当地的铁路、公路、电网等基础设施,创造 3.2 万个就业岗位;促进北极航道发展,带动俄罗斯造船业发展；加强与亚太国家间的经贸关系，特别是与中国、日本等亚太国家和与法国、意大利、德国等欧洲国家的合作。

普京指出，俄罗斯未来要建设更多的 LNG 项目，但要注意协调 LNG 与管道气的关系，两者不能在海外市场进行竞争，要最大限度地发挥其协同效果，共同扩大俄罗斯天然气的市场份额；积极培育国内 LNG 市场，在没有管道的地区大力推广 LNG 应用；注重 LNG 项目对所在地经济发展的带动作用，利用 LNG 项目改善所在地基础设施，创造就业；推动 LNG 技术和设备的国产化，积极考虑军工企业参与 LNG 技术和设备研发。

2017 年 12 月 25 日，为落实萨贝塔会议的要求，俄罗斯总统府网站公布了第 2699 号总统指令清单，对俄政府提出了 11 项要求，其中包括：制定大中型 LNG 设施关键设备和运输工具的国产化方案以及进口替代政策，列出生产平台的清单；完成 LNG 生产、运输、存储和利用技术的调查任务；协调俄罗斯石油公司（简称"俄油公司"）、俄罗斯国家天然气公司（简称"俄气公司"）、诺瓦泰克公司与 LNG 设备制造商之间的合作；对《俄罗斯联邦能源安全学说》《2030 年前交通战略》《2035 年前俄罗斯能源战略（草案）》、《2035 年前俄罗斯联邦天然气产业规划（草案）》进行修订，充分考虑 LNG 在其中的地位与作用；要求俄能源部与外交部配合协助俄罗斯的油气公司与需求国公司签署长期 LNG 供应协议。

（二）市场份额扩大和技术国产化

萨贝塔会议表明俄罗斯 LNG 战略的重要目标是扩大俄罗斯 LNG 的市场份额和实现生产技术国产化，这里的市场份额首先指的是国际市场。俄能源部部长诺瓦克接受《生意人报》（12 月 22 日）采访时表示，2040 年前全球天然气需求量将增加 40%，其中 LNG 的供给量将增加 70%。他指出 2024—2035 年全球 LNG 市场将新增约 2 亿吨的需求，俄罗斯可以填补其中一半的供给即 1 亿吨左右。届时，在全球 LNG 市场中俄罗斯的份额将从现在不足 4% 升至 15%—20%。

普京总统带头积极推销俄罗斯 LNG 产品。他邀请沙特能源部部长法利赫参加亚马尔项目启动仪式，并在会场建议沙特购买亚马尔 LNG 产品。他表示能源合作将促使沙特和俄罗斯由对抗走向合作，法利赫也表示沙特与俄罗斯具有广阔的合作空间，并提及沙特投资者已与俄罗斯能源部就参与北极 -2 项目进行谈判。

俄罗斯的油气企业早已开始进行 LNG 项目布局。诺瓦泰克公司 2017 年年底公布的长期经营战略显示，公司计划在2030年前将俄罗斯LNG产能中的公司份额提升至近70%，并计划在此期间投资2.5万亿—2.8万亿卢布，建设包括北极-2项目在内的多个亚马尔和吉丹（积丹）半岛地区的LNG项目。诺瓦泰克公司于2017年12月与道达尔公司、西门子公司签署备忘录，计划在越南进行LNG销售和燃气发电用管网建设项目合作。诺瓦泰克公司还启动了在列宁格勒州的Cryogas-Vysotsk LNG项目第一阶段（66万吨/年）建设。俄气公司则计划2018年5月与壳牌完成波罗的海LNG项目的投资可行性调查并签署商业协议。俄气公司还与伊朗、巴基斯坦等国就建设LNG出口和接受设施进行商谈。此外，俄气公司还积极推进萨哈林-2项目第三生产线的建设，并与埃克森美孚公司就该生产线的天然气供给问题进行磋商。俄油公司一方面继续推进佰朝拉LNG项目，同时仍考虑利用萨哈林-1项目的天然气资源在远东地区自主建设LNG出口设施。俄油公司自2016年开始向埃及供给LNG，并于2017年10月获得埃及海上Zohr气田30%的权益。2017年12月，俄油公司获得委内瑞拉两处海上气田30年的开采许可，计划将其发展为LNG出口项目。

除了国际市场，国内市场的扩大也是俄罗斯LNG发展战略的重要目标。俄工业和贸易部计划制定LNG燃料交通工具的推广计划，将其生产商纳入国家补贴对象名单，计划2018年补贴25亿卢布。俄能源部则负责研究在无管道的偏远地区推广使用LNG发电。作为全球最大的油气运输航运企业之一的俄罗斯现代商船公司也在2017年先后下单六艘LNG动力的Aframax级油轮，并计划在2018年7月启动商航，这在全球尚属首次。

LNG生产技术的国产化是普京给俄罗斯LNG产业发展指出的一个重要方向。第2699号总统指令清单中包含多个在LNG生产技术和设备及运输工具制造国产化方面对俄政府的指示。亚马尔项目中已有一定比例的设备来自俄国内企业。能源部部长诺瓦克透露，俄气公司已计划两年内开发出天然气液化国产技术。俄工业和贸易部部长曼图罗夫表示，2035年前俄罗斯境内LNG设施将实现技术和设备100%国产化。

（三）俄罗斯发展LNG的优势与劣势

俄罗斯在推进LNG发展战略、扩大国内外市场份额和技术国产化方面同时具有优势和劣势。优势主要体现在资源、成本和政策方面；劣势主要体现在国际竞争、金融和技术制裁、与管道气的协调等方面。

俄罗斯发展LNG产业的优势明显。首先，在资源方面，俄罗斯拥有仅次于伊朗的全球第二大天然气储量，为发展 LNG 产业提供了充足的资源保障。此外，天然气资源大部分埋藏于沿海地区特别是北极大陆架地区，为开发 LNG 项目提供了有利条件。其次，在成本方面，由于俄罗斯地处北半球北部，其低温气候可节省 LNG 的生产成本。诺瓦泰克公司总裁米赫尔松表示，亚马尔项目的 LNG 生产成本在 3 美元/百万英热单位左右，这样的成本在国际市场极具竞争力。此外，他还透露 LNG 货轮从亚马尔出发到亚洲的运输成本在 1.84 美元/百万英热单位（沿北极航道向东直运）和 2.49 美元/百万英热单位（沿北极航道向西绕道苏伊士运河）左右。中国海关统计显示，2017 年 1—11 月，中国的 LNG 平均进口价格在 7.48—8.36 美元/百万英热单位之间。这说明亚马尔的 LNG 产品在亚洲市场将具有价格竞争力。最后，在政策方面，由于普京高度重视，加之全球天然气贸易中 LNG 比重的上升态势，俄政府及相关部门都积极推动产业激励政策的制定，如建设 LNG 项目用港口（交通部）、解除对 LNG 出口项目天然气价格管控（俄政府）、LNG 零出口关税（财政部）、LNG 燃料交通工具补贴（工业和贸易部）、LNG 出口中转设施建设（能源部）、海外项目协助（外交部）等方面。

俄罗斯的 LNG 产业发展同样存在一些不利的条件。第一，在国际竞争方面，亚太地区是俄罗斯 LNG

的重要出口市场，但区域内澳大利亚、马来西亚等国正在推动数个大型 LNG 出口项目的实施。此外，美国的 LNG 也开始大规模涌入亚洲市场，加之已有的来自中东的 LNG，俄罗斯 LNG 将面临激烈的市场竞争。由于这一地区的 LNG 产品仍主要以长期协议的方式进行贸易，因此一旦合同被别国锁定，即便具有价格竞争力，俄罗斯在亚太 LNG 市场的份额仍面临较大的被挤压风险。第二，欧美对俄金融和技术制裁的长期化将严重影响俄罗斯 LNG 项目的推进和技术设备国产化的进程。第三，俄罗斯独立气商（指俄气公司之外的天然气生产商）的 LNG 出口与俄气公司的管道气出口存在协调问题。俄气公司的中层管理人员指出如果亚马尔 LNG 与管道气在欧洲市场形成竞争并挤出管道气，则每立方米天然气出口所带来的财政收入将减少 4096 卢布。有市场人士认为，亚马尔项目增加了全球天然气供给，因此不论 LNG 出口到哪个市场都将对欧洲市场的管道气构成压力。也有专家认为亚马尔项目供给量尚小，即使有一半（约 830 万吨/年）流向欧洲，也仅占俄气公司在欧洲销售量的 6% 左右，不会对后者构成威胁。LNG 与管道气的协调问题本质上反映了俄气公司维护其在俄天然气出口方面的垄断地位的诉求。

2017 年 12 月 8 日，俄罗斯北极圈内的亚马尔液化天然气项目（Yamal LNG）正式投产，这一在人类油气开发史上具有重要意义的项目的启动吸引了全球媒体的关注。俄罗斯总统普京率领俄政府高官及主要油气公司高管出席启动仪式。亚马尔液化天然气项目是中俄提出共建"冰上丝绸之路"后启动的首个重大能源项目，将对"冰上丝绸之路"未来的建设和中俄能源合作产生深远的影响。

（四）亚马尔项目与中国的角色

亚马尔项目是俄罗斯近年来大力推进的代表性油气项目，它的代表性主要体现在以下三个方面。第一，亚马尔项目是俄罗斯第一个由本国企业主导的国际化的液化天然气出口项目。萨哈林－2项目是俄罗斯首个液化气出口项目，尽管国有的俄罗斯天然气工业公司（Gazprom）取得项目的控制权，但其技术提供方和项目作业方均为外资企业（壳牌、三菱商事和三井物产）。与萨哈林－2不同的是，亚马尔项目由非国有的诺瓦泰克公司（Novatek）主导并担任项目作业者，中国（中石油和丝路基金）和法国企业（道达尔）共同参与。此外，日本、韩国的企业也以工程和造船承包商的身份参与其中。因此，亚马尔项目可以说是俄罗斯本国企业自主管理和运营大型国际化项目的重要尝试，具有重要的示范意义。第二，亚马尔项目标志着人类在北极地区能源资源开发和利用方面迈出重要一步。尽管北极地区富含油气资源，但由于成本、环境、资金、国际合作等各方面原因，大型项目长期未有落实。在俄罗斯的北冰洋海域内曾有过施托克曼（Shtokman）天然气项目等大型项目的设想，俄罗斯石油公司（Rosneft）与美国埃克森美孚公司也曾一度在所持有的海上油气区块内实施了试采，但各种政治和经济原因致使这些项目陷入停顿状态。亚马尔项目的启动实现了近年来北极地区大型海上油气项目零的突破，对俄罗斯乃至世界的海洋资源的开发具有重要的意义。第三，亚马尔项目的液化天然气产品将主要面向亚太市场出口。亚马尔项目本身就是俄罗斯东向能源出口战略的一个重要项目。诺瓦泰克公司公布的天然气出口中，相当部分将销往亚太地区。这一方面促进了俄罗斯天然气出口的多元化，另一方面也为亚太市场提供了更多的进口选择，促进了亚洲天然气需求国的进口多样化。

中国在亚马尔项目中发挥了重要作用。首先，中国是亚马尔项目的大股东。2013年9月，中石油与诺瓦泰克公司达成协议收购亚马尔项目20%的权益。2015年12月，中国丝路基金与诺瓦泰克公司签署协议收购亚马尔项目9.9%的权益。自此，中国以近30%的权益成为亚马尔项目权益第二大持有国。其次，中国是亚马尔项目的重要融资方。欧美的金融制裁导致总成本达270亿美元的亚马尔项目遭遇融资难，中资机构的介入推动了亚马尔项目的顺利实施。2015年12月，在签署股权转让协议的同时，丝路基金还与诺瓦泰克公司签署了融资协议。丝路基金为亚马尔项目提供为期15年、总额约7.3亿欧元的长期贷款。2016年4月，中国进出口银行与国家开发银行分别与亚马尔项目公司签署15年期93亿欧元和98亿元人民币的贷款协议。再次，中国企业是亚马尔项目的主要设备供应商和重要的工程建设参与者。亚马尔项目的总承包商是来自法国和日本的企业，但中石油、中海油和宝钢是主要的工程分包商和供应商。据统计，中方共有中国石油海洋工程有限公司、海洋石油工程股份有限公司等七家公司承揽了项目的模块生产。最后，中国是亚马尔项目液化天然气产品的重要购买方。2014年5月，中石油与亚马尔项目公司签署20年期每年300万吨液化天然气购销协议。中石油直接购买量占亚马尔项目前三条生产线总产能的近1/5。由于剩余出口量预期将主要销往亚太地区，中国进行间接购买的可能性极高，这将进一步推高中国采购量的比例。

三 俄罗斯的油气依赖

油气依赖是俄罗斯经济的固有顽疾之一,由此引发的"资源诅咒"问题是俄罗斯经济学界的重要研究领域。尽管在油气依赖的性质、程度以及价值判断方面仍存在分歧,但大多数经济学家承认油气依赖是俄罗斯二十余年来经济发展的主要特征和动荡的主要根源。

(一) 油气依赖的表现

俄罗斯的油气依赖主要表现为一个"大"字。一方面,油气在国民经济中的比重大。主要表现在油气产品占出口的比重很大,最高时接近70%。此外,油气产业占GDP的比重较大。官方的统计数据显示油气产业(指开采及加工)占GDP的比重仅在10%上下徘徊。然而,如果将贸易(考虑转移价格)、运输(管道、铁路等）、装备制造产业考虑进去，那么广义的油气产业占GDP的比重要超过20%，部分年份甚至达到30%以上。① 另一方面，油气收入在财政收入中的比重很大。油气收入自20世纪90年代末以来一路上升，目前占全国财政收入比重在30%左右，占联邦政府财政收入比重在50%左右，② 这里的油气收入一般指油气的出口关税和矿产资源税，即纳入稳定基金（后分为储备基金和国民福利基金）的收入。然而，如果将物品税（类似中国的成品油消费税）、固定资产税、企业所得税以及国有股分红加入考虑，则油气收入的比重还要进一步扩大。③

油气依赖问题并不在于油气本身。首先，石油和天然气是重要的能源品种和工业原材料。从资源禀赋的角度来说，大量的油气资源会为经济发展提供良好的基础和条件。事实上，油气产业已成为俄罗斯在国

---

① Masaaki Kuboniwa, Shinichiro Tabata, Nataliya Ustinova, "How Large is the Oil and Gas Sector of Russia? A Research Report", *Eurasian Geography and Economics*, No. 1, Vol. 26, 2005.

② Nadia Sabitova, Chulpan Shavaleyeva, "Oil and Gas Revenues of the Russian Federation: Trends and Prospects", *Procedia Economics and Finance*, Vol. 27, 2015.

③ 田畑伸一郎：「経済の石油・ガスへの依存」，田畑伸一郎編著『石油・ガスとロシアの経済』，北海道大学出版会2008年版，第77—100页。

际市场上最具比较优势和竞争力的产业。① 由于具有成本优势,俄罗斯的油气产量在2014年下半年以来的油价低迷走势下并未显示出下滑的迹象。俄罗斯的油气产业也是西方跨国公司多年来重点投资的领域之一。尽管合并克里米亚导致的欧美制裁仍在持续且程度进一步加深,但仍有像壳牌、GE这样的大型国际企业试图绕过制裁,进入或强化在俄罗斯市场的存在。

其次,俄罗斯的油气依赖对经济造成的伤害与传统的以"荷兰病"为代表的资源诅咒症状不同。传统的"荷兰病"的基本症状(汇率上升、制造业去工业化、劳动力成本上升)中,除汇率外,其他表现在俄罗斯并不十分明显。② 相反,诸多学者发现油气产业的发展反而带动了俄罗斯整个经济的发展。曲文轶在其研究中指出,"俄罗斯的实践表明,丰富的自然资源禀赋优势以及原材料工业的超常发展不一定会妨碍其他部门发展,相反却可能成为带动整体经济增长的助推剂"。③ 美国学者克利福德·加蒂和巴里·伊吉斯则发现,在俄罗斯的油气租金(Rents)中存在隐性税收

---

① Shinichiro Tabata, "Observations on Changes in Russia's Comparative Advantage, 1994 – 2005", *Eurasian Geography and Economics*, Vol. 47. No. 6, 2006.

② 陆南泉、李永全、徐坡岭等:《俄罗斯经济是否患有"荷兰病"》,《欧亚经济》2014年第2期。

③ 曲文轶:《资源禀赋、产业结构与俄罗斯经济增长》,《俄罗斯研究》2007年第1期。

(informal taxes)、价格补贴(price subsidies)和额外开采成本(excess extraction cost)。① 这些成分使得油气产业创造的财富不能完全留在产业内,而是扩散到其他领域,尽管有时存在效率问题。

最后,油气依赖的根源在于价格波动和相关的制度安排。其中税收制度是一个重要的制度安排。与大部分油气出口国一样,俄罗斯实施的税制将油气产业的收入大部分留在了政府手中,其比重最高时超过70%。在高油价(油价大幅度超过生产成本)时期,政府可以轻易地得到巨额的额外收入,政府的财政预算也定位在较高的油价水平。由于部分财政支出(医疗、养老、军事等)具有刚性特征,不能随油价价格的变化做出及时调整,因此当价格下跌时就会出现财政赤字问题。可见,这种意义上的依赖更主要是制度设计的结果。俄罗斯也不例外。由于俄罗斯长期以来总体上实施较为谨慎的预算政策,加之经济体量较大、产业体系较全,因此低油价时的赤字问题相比沙特、委内瑞拉等产油国较轻。②

另一项重要的制度安排是汇率制度。许多经济学家

---

① Clifford Gaddy, Barry Ickes, "Resource Rents and the Russian Economy", *Eurasian Geography and Economics*, Vol. 46, No. 8, 2005.
② 关于俄罗斯与沙特之间的油气依赖对比可参见 Shinichiro Tabata, "The Influence of High Oil Prices on the Russian Economy: A Comparison with Saudi Arabia", *Eurasian Geography and Economics*, Vol. 50, No. 1, 2009。

认为俄罗斯经济的关键问题是汇率问题。① 资源价格上涨导致汇率升高是"荷兰病"的重要传导机制之一，对于这一点俄罗斯政府具有很强的问题意识。油价上涨不仅使流入俄罗斯的油气美元本身增加，还带入了大量的外国投资，同时经济看好也使本国企业更主动且更容易从国外市场融资，这些因素使得卢布承担升值压力。在高油价时期，俄罗斯通过设立稳定基金以外币的形式截留了大量的油气收入，从而在很大程度上缓解了卢布币值的过度上涨。然而，油价大幅度下跌时想保持卢布比值稳定并不容易。我们看到俄罗斯采取的是更为保守的策略，即顺势而为，实施完全的浮动汇率。事实上，油气价格波动带来了比值波动，无论是浮动还是固定汇率体系下都是政府的重要难题。

（二）油气依赖与政府的调控

俄罗斯油气依赖的特殊性决定了政府调控面临更多的困难与挑战。由于俄罗斯的油气产业发展带动了整体经济的发展，因此可以说这种依赖程度要比一般意义上的"荷兰病"更深。在现有的制度和社会环境下，俄罗斯非油气产业的发展已与油气产业在某种程度上捆绑

---

① 参见徐坡岭《俄罗斯的经济航船能否驶出迷雾险滩》，《世界知识》2016年第7期。

在一起，因此简单地认为通过降低油气依赖来改善经济结构并促进经济发展对于俄罗斯来说并不现实。

我们看到，俄罗斯政府在降低油气依赖方面的努力主要集中在技术创新和进口替代两个方面。技术创新需要完善的激励机制、良好的投资环境以及健康的金融市场等条件。在现行体制和欧美制裁的背景下，这些条件短期内很难得到实现，主要的解决方法是通过政府投资拉动。近年来多家政府类基金和国家公司的成立便是这种政策的成果。由于政府的投资直接或间接地与财政收入挂钩，因此也就无法完全摆脱油气收入的影响。所以从本质上说，技术创新能否成功在一定程度上取决于油气产业能否健康发展。

作为当前反危机的重要措施的进口替代政策也无法摆脱油气依赖的身影。从某种角度来讲，进口替代更像是在欧美技术制裁下的应急措施。由于油气产业是欧美制裁的重点领域，因此进口替代的产品目录中充斥着许多油气产业相关的设备和产品。这些设备和产品既属于制造业领域，也可看作是广义的油气产业的组成部分，因此，这部分的进口替代仍是与油气产业的发展密切相关的。

俄罗斯的油气依赖还具有很强的政治意义。对油气产业的依赖使俄罗斯政府一直存在对油气产业强化管制的冲动。其一，从产权方面来看，尽管政府内的自由派人士多年来不断呼吁推进私有化,降低国有资本比例,但事实上油气产业的国有比重不断上升,这集中表现在俄罗斯国家石油公司连续对尤科斯、TNK-BP以及巴什基尔石油公司的收购上。其二,在管制政策方面,油气产业仍存在不同程度的垄断特征,比如天然气的运输和出口、海洋及战略性油气区块开发许可的发放等。这些管制措施在近1—2年里虽然有所放松,但更多是作为缓解资金和市场压力的应对举措,并非是立足长远的措施。政府对油气产业的控制使得油气依赖无法在短期内消除。

(三) 油气依赖及对中国的影响

俄罗斯的油气依赖给中国既带来了机遇也带来了挑战。首先,俄罗斯的油气依赖使其更关注海外市场。在油价相对低位时期,提升了中国等油气进口大国的议价能力。欧美对俄罗斯油气产业的打压也使其更多地关注亚太地区市场。其次,油气收入的减少和欧美金融制裁使俄罗斯油气产业面临严重的融资问题,这给中国企业进入俄油气市场提供了机遇。[①] 我们看到目前中俄油气合作的参与者已不限于中石油、中石化等

---

① 许勤华、时殷弘:《中国对外战略中的俄罗斯:显著意义和潜在负项》,《俄罗斯东欧中亚研究》2016年第2期。

传统的大型国有油企，北京燃气、政府类基金、地方油气公司及油服企业也广泛参与到合作中来。再次，俄罗斯油气产业的进口替代可能对中国企业的出口造成一定影响。中国是俄罗斯油气设备的重要进口对象国，在管道（HS 编码 7304 及 7306）、油气设备及零部件（HS 编码 8430 及 8431）等产品方面，俄罗斯对中国的进口依赖在 25%—30%。[①] 因此，进口替代的实施在中期来看可能会减少中国的出口。此外，俄罗斯的进口替代还带有出口导向的特征，[②] 这预示着未来两国有可能在全球油气设备市场进行竞争。

（四）俄罗斯如何对应油气依赖

随着能源产业中国有资本比重的扩大和油气税负比例的提升，俄罗斯逐渐产生了油气依赖。产品出口、预算收入和 GDP 中油气产业的比重急剧攀升和扩大。与标准的"荷兰病"症状不同，俄罗斯的油气依赖并没有挤出制造业，反而带动了后者的发展。这种"正向依赖"在某种程度上可能比"荷兰病"具有更大的潜在危害，即高油价时期可以实现经济的全方位增长，

---

① 笔者根据中俄两国海关统计数据计算得出。
② 徐坡岭：《俄罗斯进口替代的性质、内容与政策逻辑》，《俄罗斯东欧中亚研究》2016 年第 3 期。

低油价时期也将面临全面的经济下滑。俄罗斯在2009年和2015年经历的经济衰退证实了这一点。

与其他资源出口国一样，俄罗斯也利用资源收入建立了主权能源（油气）基金，用于偿还外债、弥补社会性开支、抑制货币升值和通胀及应对危机。2007年，俄罗斯提前还清从苏联继承的巴黎俱乐部债务，从而大大改善了俄罗斯面临的国际经济环境，也大幅度提升了普京和俄罗斯联邦政府的威望。油气基金在应对2009年的经济危机方面也发挥了巨大作用。然而，当前的低油价和欧美制裁对俄罗斯经济的打击超过了以往，油气基金的账户余额因此迅速下降。从积极的方面来说，这可能迫使俄罗斯走上减少油气依赖的发展道路。

油气产业是俄罗斯最重要的经济部门，也是最具比较优势的产业。如何摆脱经济对油气的过度依赖是俄罗斯政府多年来一直追求的目标。前财政部部长阿列克谢·库德林为俄罗斯经济的结构改革开出了药方。他指出，要降低俄罗斯经济对油气的依赖，必须保持较低的通胀水平，明确卢布汇率调控措施，促进竞争，发展健康的金融市场，完善基础设施，发展高附加值产业，设立创新机制以及减少行政壁垒。[1] 然而，从本

---

[1] Алексей Кудрин. Влияние доходов от экспорта нефтегазовых ресурсов на денежно‐кредитную политику России // Вопросы Экономики, Март 2013, № 3, С. 4–19.

书的分析来看，这一切转变的实现仍然离不开油气产业的发展。一切有利于俄罗斯经济健康发展的改革首先都应从油气产业做起。

当前，俄罗斯政府应努力在油气产业中消除市场壁垒、降低管制、促进竞争。然而，事实上，俄罗斯政府的政策并不明确且充满了反复，政府各部门之间、政府与企业之间错综复杂的利益纠葛干扰了决策，油气产业的政治性特征也为该领域的变革增加了阻力与障碍。这种情况下，在油价低位和欧美制裁双重压力下的"去油气"措施和现象很可能仅具有权宜色彩。在制裁解除和油价回升的条件下，现有的改革措施能否有效持续让人怀疑。

四 俄罗斯能源产业中的金融因素

能源与金融问题一直是能源产业界和学界的焦点问题。能源与金融之间日益密切的联系带动了资源开发的热潮，同时也促进了能源类商品交易的繁荣。能源与金融之间的关系问题不仅对于能源消费国，同时对于能源生产国都是不可忽略且亟待解决的重要问题。金融也成为理解俄罗斯能源产业特征的一个重要视角。

（一）从能源金融资本到国家资本的变迁

俄罗斯油气产业长期以来的问题是资金和技术的缺乏。因此，如何解决这一问题是政府和企业面临的最重要的课题之一。对企业进行市场化改革，使其成为能够独立融资的主体是苏联解体后俄罗斯当政者给出的解决方法。然而，在市场化改革初期，由于整个国民经济的私有化目标过于紧迫，同时政府面临巨大的财政压力，因此油气产业的市场化改革渐渐背离了初衷。20世纪90年代初期，包括油气企业在内的资源类企业成为政府财政的救命稻草。在这种背景下，油气工业的私有化迅速展开。尽管这一过程中存在许多"资本主义原罪"，但却在客观上促成了金融资本与油气产业资本的结合，也为日后油气产业的复苏奠定了一定的基础。油气产业初期的金融资本与油气产业资本的结合主要分为以下两个阶段。

第一阶段：上下游一体化（垂直经营）企业的建立。在这一阶段，以往由国家直接经营的油气生产单位完成了股权（私有化）改革。但在这一过程中大部分的新兴企业仍由中央或地方政府控股。

第二阶段：股份换贷款。在这一阶段，政府利用手中的企业股份作为抵押，从银行换取贷款以便渡过财政危机。由于政府向银行的还贷能力极低，因此贷款到期后，这些股份或通过拍卖或直接作为抵押而成为银行资产。俄罗斯主要银行在这一阶段成为油气企业的控股人，从而完成了金融资本与油气产业资本的结合。

俄罗斯油气工业私有化的结果是产生了以尤科斯、西伯利亚石油公司和秋明石油公司为代表的金融能源工业集团。这种金融与工业的结合体虽然在形成的过程中遭受到巨大的舆论压力，但从实践结果来看，这种形式在一定程度上促进了俄罗斯油气产业的恢复发展。1998年金融危机之后，国际油价逐渐回升，俄罗斯油气公司的原油产量开始恢复增长。其中，相较于国有公司、私有公司，特别是金融能源工业集团控制的石油公司（尤科斯及西伯利亚石油公司）的增长尤为明显。其原因可以总结如下：

（1）由于与金融资本相结合，企业在融资方面具有先天的优势。

（2）由于较早地确立起现代企业管理体制，企业的运作更有效率、更透明。

（3）通过国内外股票和债券市场进行多方面融资。由于企业的运作相对透明，因此要比传统的俄罗斯企业更容易赢得投资者的信心。

（4）快速地与西方接轨，积极引进国外的先进技术。通过此途径，企业可以最大限度地利用已有的油气田资源进行二次开采，从而降低勘探作业产生的风险。

然而在促进油气产量增长的同时，金融资本与产业资本结合下的油气企业的某些经营活动也为未来的健康发展留下隐患。一方面，大部分的控股金融集团都选择在海外注册，并通过转移价格操作将油气企业的收入转移至国外，以实现避税。另一方面，这些公司积极参与院外活动，影响政府决策，阻止不利于本

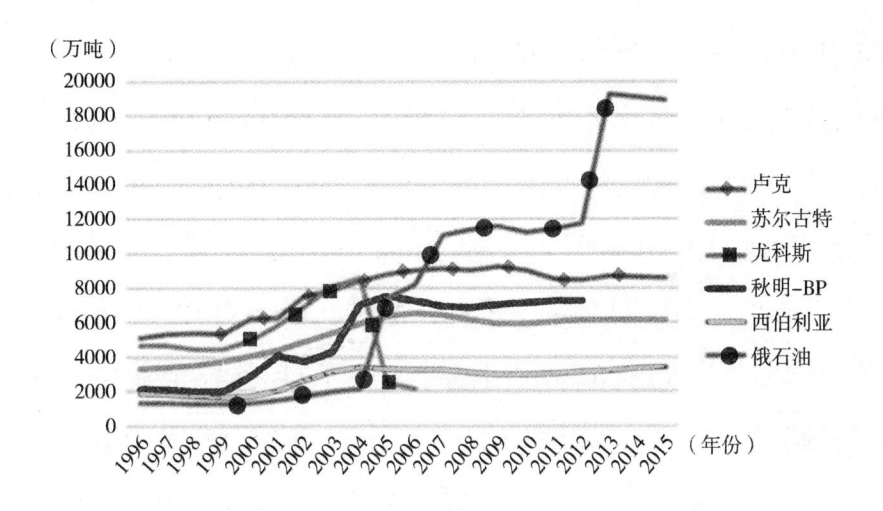

图 4-1 俄罗斯主要石油公司的原油产量

注：秋明-BP 公司截至 2003 年为秋明公司产量；西伯利亚公司产量自 2006 年起转为俄气石油公司。

资料来源：俄罗斯能源部。

公司发展的政策的实施。此外，原油产量的盲目增长是以牺牲未来的发展为代价的。以西伯利亚石油公司为例，该公司的原油产量从 2000 年起迅速增长，但增长期持续相对较短，在 2005 年就已出现下降趋势。这种难以为继的短时期过快增长凸显了金融资本更加注重短期利益回报的特性。这种特性表现为尽可能地增加产量，进而扩大企业利润，并通过积极的股份分红措施迅速获取投资回报。积极的分红措施势必影响企业的投资，而这些投资是与未来的产量增加紧密相关的。西伯利亚石油公司的做法是利用西方先进技术积极实施油田的二次开采，进而迅速增加了原油产量。

而由此产生的利润的大部分通过分红流入持股方，从而造成勘探投资的不足。当现存油田的储量趋向枯竭时，由于没有新的油田来替代，产量开始回落。与西伯利亚石油公司相似，秋明石油公司在与BP公司合资成立秋明－BP石油公司后，该公司一直维持着较高（50%以上）的利润分红比例，这不能不对企业的投资造成影响。TNK－BP的原油产量在2005年达到高峰后始终没有能够超越。西伯利亚石油公司和秋明－BP公司在2005年和2012年分别被俄罗斯天然气公司和俄罗斯石油公司收购。由于尤科斯的主要资产已于2004年被俄罗斯石油公司收购，因此随着秋明－BP公司被收购，俄罗斯油气产业中的金融资本时代也宣告结束。

伴随金融资本退出俄罗斯油气产业的是国家资本在该领域的优势地位重新确立。金融资本被国家资本所替代，本质上是追逐短期投资利益的冲动与强化政府管理的国家意志相吻合，因此具有一定的必然性。在俄罗斯的石油产业私有化之后，国家资本在产业中的比重大大下降。在西伯利亚石油公司被俄罗斯天然气工业公司收购之前，作为唯一的国有公司，俄罗斯石油公司在收购尤科斯之前的年产量一直徘徊在2000万吨左右，不及总产量的1/20。这种现象与俄罗斯传统的政治文化极为不符，也与世界主要产油国的实践不符。因此，普京成为总统后，在国际油价日益上升和资源民族主义日益抬头的背景下，在石油产业中重新确立国有资本的优势地位成为政府顺理成章的目标。

伴随着国家资本在石油产业重新确立主导地位的是现代化国有企业制度的建立。俄罗斯石油公司和俄罗斯天然气公司分别是石油产业和天然气产业国家资本的代表。这两家企业虽然有超过50%的股份掌握在政府手中，但仍有相当部分的股份与其他非国有公司一样在国内和海外的交易所上市。这一方面增加了企业经营的透明度，有利于企业融资；另一方面也有利于企业更好地利用国际市场的资源，扩大国际竞争力。这些公司内部还确立了符合国际标准的财务制度，设置了独立董事职位。因此，这些国有公司已不单纯是国家资本在产业中的代表，而是国家利益和市场利益的结合体。事实上，由于拥有政府的政策扶持，俄罗斯的国有油气公司，特别是俄罗斯石油公司在市场中已开始取得良好的业绩。通过收购尤科斯的主要资产，俄罗斯石油公司实现了产量的迅速增加，并从2007年开始成为俄罗斯最大的原油生产企业。国家资本（俄罗斯石油公司和俄罗斯天然气工业股份公司）所控制的原油产量的比重从2004年的不足1/20扩大到2011年的28%。此外，在2005—2015年俄罗斯的原油总产量共增加了约6200万吨，这几乎与同时期的俄罗斯石油公司原油产量的增量（剔除收购秋明-BP的影响）

持平，即国有公司对国家产量增加的贡献率接近100%。可见国有石油公司已成为俄罗斯石油产业的一个重要组成部分，为产业的发展提供了主要的动力。

（二）石油换贷款

国家资本在油气产业中确立主导地位并不意味着政府成为产业投资的主体，投资的主体依然是企业。在地下资源开采行业中最具投资风险的勘探作业方面，2015年俄罗斯国家投资（中央政府和地方政府）仅占总投资额的10%，而企业自筹资金（企业自有资金和贷款）占投资总额的90%。此外，在油气生产所必需的基础设施建设方面，企业完全自筹建设资金。中央和地方政府虽然有时会提供税收优惠等间接性补贴，但极少对单个项目提供直接的资金补贴。[①] 比如，远东原油管道（从泰舍特至科兹米诺）的建设资金（总额超过200亿美元）完全由俄罗斯国家石油管道运输公司通过银行贷款和发行企业债券来解决。

"石油换贷款"的融资方式就是在俄罗斯油气企业亟须大规模资金的条件下发生的。由于单纯地从市场

---

① 这一现象在当前油价低迷和欧美制裁背景下有所改变。俄政府开始对重要的油气项目进行直接补贴，比如亚马尔的LNG项目。详情请参见刘旭《油价下跌与欧美制裁下的俄罗斯石油企业经营现状分析》，《俄罗斯研究》2015年第5期。

上借贷变得比较困难，因此利用油气消费国对油气资源的需求，通过承诺供应油气商品来换取贷款成为俄罗斯油气企业一个有效的融资途径。从借贷方来看，在资金充裕的情况下，借贷是一种机遇，通过"贷款换石油"可以完成大规模的油气商品交易，进而确保能源的稳定供应。俄罗斯油气企业的"石油换贷款"方式主要用于与中国企业的原油贸易中①。

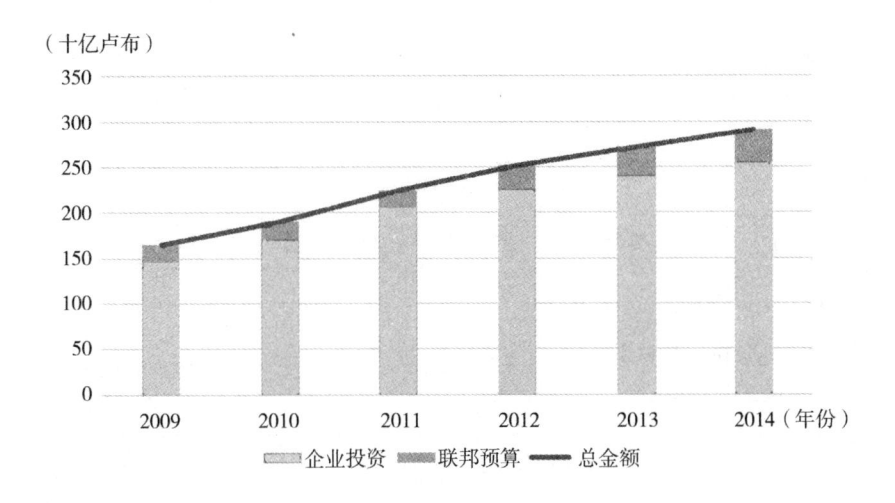

图 4-2　俄罗斯勘探投资结构与变化（2009—2014 年）

资料来源：俄罗斯自然资源和环保部。

---

① 这里的"石油换贷款"主要指俄罗斯对华供油，中国的银行向俄罗斯提供贷款。此外，中国企业向俄企提前支付石油贷款"预付款"的贸易方式也可理解为"石油换贷款"的一种。因为预付款也需支付利息，并且在企业的财务报表中列为负债项内。因篇幅所限，本章不讨论预付款方式。关于俄罗斯近期的石油预付款交易可参见刘旭《油价下跌与欧美制裁下的俄罗斯石油企业经营现状分析》，《俄罗斯研究》2015 年第 5 期。

截至2018年年底,俄罗斯与中国达成多次"石油换贷款"协议。这些协议都与俄罗斯石油公司和中石油(CNPC)间的原油贸易相关联。

表4-1 中俄铁路"石油换贷款"协议内容

借贷合同				
借方	贷方及贷方代理	贷款额	贷款期限	年利率
俄罗斯石油公司	中国进出口银行 中国国家开发银行(贷方) 俄罗斯对外经济银行(贷方代理)	60亿美元	7年	LIBOR+3% (2005年) LIBOR+0.7% (2006—2011年)
原油贸易合同				
卖方	买方	供油量	供油期限	价格
俄罗斯石油公司	中石油	4840万吨	2005.02 - 2010.12	Brent-3 (2005.02-2007.10) Brent-2.325 (2007.11-2010.12)

资料来源:根据俄罗斯石油公司财务年报整理。

中俄间的第一次"石油换贷款"协议于2005年1月签订,并与中俄石油公司间的铁路原油贸易协定密切相关。该贷款协议的背景是俄罗斯石油公司在2004年为收购尤科斯的主要石油资产——"尤甘斯克油气公司"通过国内银行的短期贷款(18.05亿美元,年利率8%)和短期期票(61.02亿美元,年利率2.5%)融资。中国银行的60亿美元长期贷款就是用于上述短期融资的部分偿还。与此同时，中国石油公司为了争取从俄罗斯进口石油已经做出了许多年的努力。国内的政策性银行也为大型企业的"走出去"积极地提供帮助。① 俄罗斯油气公司的融资需求正与中国公司的石油需求和中国国家的能源安全利益相吻合，这为"石油换贷款"协议的成立提供了客观依据。

"石油换贷款"中的借贷合同是以原油贸易合同作为担保的。由于存在贸易协定，贷方（原油供应方）会有稳定的收入预期，这也为贷款的按期偿还提供了财务担保。因此，从这种意义上说，"石油换贷款"模式中的原油贸易合同要相对更重要一些，它的有效执行是贷款合同有效执行的关键。

中俄间的第一次"石油换贷款"协议基本得到了有效执行。尽管在合同期内出现了贸易价格争议，但通过贸易双方的对话，最终和平地解决了争议，使贸易合同在合同期内得到有效执行。② 第一次"石油换贷款"的成功经验也为第二次"石油换贷款"协议的成立奠定了基础。

---

① 许勤华、袁淼：《"一带一路"建设与中国能源国际合作》，《现代国际关系》2019 年第 4 期。

② 2007 年 7 月起，俄罗斯石油公司开始要求中石油提高原油购买价格。按照第一次"石油换贷款"协议，定价公式为布伦特原油现货月平均价格并贴水每桶 3 美元。经协商，中石油同意将贴水减为每桶 2.325 美元，从 2007 年 11 月起生效。详见 И. Малкова, Е. Мазнева, Цена на《Юганска》, Ведомости, 29 Января 2008。

```
         俄罗斯石油公司
      ↗   ↑↓         ↖
   ⑥贷款合同 ①原油贸易合同  ⑧还款中介合同
  ↗        中石油集团           ↘
中国国家开发银行              俄罗斯进出口银行
       ④原油贸易合同
           ⑦贷款中介合同
   ↘                        ↙
    ⑤贷款合同  ②管道建设合同  ⑨还款中介合同
              ③原油贸易合同
           俄罗斯国家石油
           管道运输公司
```

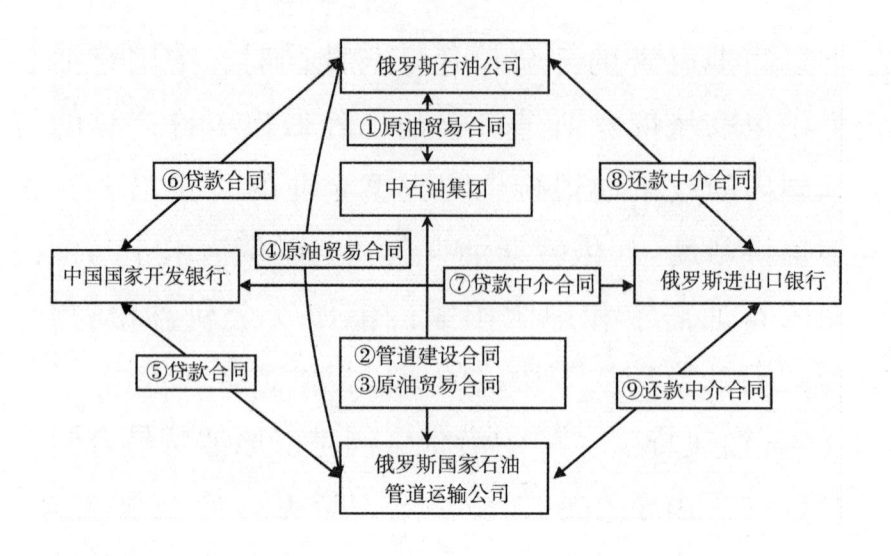

图 4-3　中俄管道原油贸易结构图示

资料来源：笔者自制。

表 4-2　中俄管道原油贸易相关合同的主要内容

企业与银行间的合同	主要内容
①原油贸易合同	俄罗斯石油公司从 2011 年 1 月 1 日起每年通过管道向中石油供应 900 万吨原油。供应期限为 20 年。交易条件为 DAF（中俄边境交货）。交易价格参照科兹米诺港月平均出口价格（FOB）。科兹米诺港年出口量不足 1250 万吨时，交易价格参照普里莫尔斯克港和新罗西斯克港月平均出口价格（FOB）
②管道建设合同	俄罗斯国家石油管道运输公司在 2009 年 4 月之前开工建设斯科沃罗季诺—漠河段原油管道，并于 2010 年年底之前完成管道建设。建设费用由俄方负担。黑龙江的河底穿越工程由中国公司负责实施
③原油贸易合同	俄罗斯国家石油管道运输公司从 2011 年 1 月 1 日起每年通过管道向中石油供应 600 万吨原油。供应期限、交易条件和价格与①相同

续表

企业与银行间的合同	主要内容
④原油贸易合同	俄罗斯石油公司在对华管道供油合同的框架内，从2011年1月1日起每年向俄罗斯国家石油管道运输公司供应600万吨原油。供应期限为20年。交易价格参考对华出口价格
⑤贷款合同	中国国家开发银行向俄罗斯国家石油管道运输公司提供总额为100亿美元的有息贷款。贷款期限为20年（自2009年算起）。贷款共分3次汇入俄罗斯国家石油管道运输公司账户（第1次不晚于2009年5月、第2次不晚于2009年第4季度、第3次不晚于2010年）。贷款合同生效起前5年只偿还利息，不偿还本金。2011年1月1日之前每隔6个月偿还利息，1月1日之后每月偿还利息。利息采取浮动制，浮动范围在LIBOR+0.5%和LIBOR+3.25%。贷款抵押为对华供油的收益
⑥贷款合同	中国国家开发银行向俄罗斯石油公司提供总额为150亿美元的有息贷款。贷款期限为20年（自2009年算起）。贷款额不晚于2010年汇入借贷方账户（2009年汇入100亿美元，2010年汇入50亿美元）。还款方式、利息和抵押方式与⑤相同
⑦贷款中介合同	中国国家开发银行的贷款汇入账户为俄罗斯石油公司和俄罗斯国家石油管道运输公司在俄罗斯进出口银行的账户。该账户也为两公司的还款账户。还款将从该账户余额中按规定自动扣除
⑧还款中介合同	俄罗斯石油公司对华供油的收入存入⑦中账户，并通过此账户进行还款
⑨还款中介合同	俄罗斯国家石油管道运输公司对华供油的收入存入⑦中账户，并通过此账户进行还款

资料来源：根据中国政府、俄罗斯政府和相关公司及银行官方信息，以及新华社、Kommersant、Vedomosti、Reuters等媒体报道综合总结而成。

中俄间的第二次"石油换贷款"协议发生在2008年国际经济危机爆发之后。国际原油价格在2008年8月中旬达到最高位后急剧下跌，俄罗斯油企的收入因而剧减。同时由于当时与原油价格相关联的出口关税和矿产资源税和原油价格之间存在滞后关系（约1.5个月），当原油价格迅速下降时，应缴的税额却居高不下，这更导致企业利润在短期内迅速缩减，造成流动性危机。俄罗斯石油公司由于此前收购尤甘斯克公司而留下了大量债务，在流动性危机之下面临严重的经营困难，因此亟须短期内找到大规模的借贷资本。此外，俄罗斯国家石油管道运输公司正在筹集修建远东管道二期工程的巨额资金（超过100亿美元）。在全球流动性减弱的情况下，俄罗斯企业通过国际市场融资是十分困难的，与此相对照的是中国的政策性银行却握有大量的资金。中国的石油企业也正在与俄罗斯进行关于石油管道建设和相关原油贸易问题的交涉。流动性危机为两国打破交涉僵局提供了机遇。

第二次"石油换贷款"协议的框架与第一次有所不同，最大的变化在于贷款合同不仅与原油贸易合同，还与管道建设合同挂钩。与此相应的是中国的石油公司与俄罗斯的石油公司和管道公司同时签订合同。由于贷款额度巨大，而俄罗斯国家石油管道运输公司除管道运输费用之外没有其他收入，因此管道公司也被纳入原油贸易合同，成为供应方之一。由于管道公司并不从事原油生产，即没有油源，因此实际上管道公司扮演的是中间商的角色，即从俄罗斯石油公司购入原油后再转卖给中石油。此次的"石油换贷款"协议由于存在跨国管道建设合同，因此两国政府间协定也成为其中的一部分，并给予协议的有效执行以高层次的政治保障。协议中的中俄原油管道贸易合同从2011年开始执行。与以往的中俄铁路原油贸易合同一样，在执行中关于贸易价格产生了分歧，这些分歧最终通过协商得到了解决。

通过对以上两次"石油换贷款"模式的解读，可以总结出该模式的以下特征：

第一，通过绑定贷款与原油贸易，并将贸易收入与偿还贷款做关联，在解决原油供应方的资金短缺问题的同时满足需求方对原油的需求。因此可以说，"石油换贷款"是将能源与金融结合起来实现稳定供给的有效模式。

第二，两次"石油换贷款"都是在俄罗斯公司遭遇突发的资金短缺问题的情况下成立的。俄方虽然在资金需求方面具有主动性，但实为周遭不利环境所迫而做出的被动选择。因此，此种融资模式能否适用于一般条件下的原油贸易还有待进一步实证。

第三，"石油换贷款"中的贷款是用来"救急"的，因此中俄双方缺乏足够的时间去细化相关贸易协定的具体条件，特别是价格条件。这直接导致两次"石油换贷款"在执行中均产生了价格争议。

(三）交易所平台的石油交易与价格决定

国际石油贸易中的一个重要组成部分是价格决定机制。如何形成有利于俄罗斯国家利益的国内和出口油品的定价机制是长期以来困扰俄罗斯政府的一个难题。以原油为例，俄罗斯每年通过普里莫尔斯克港、新罗西斯克港、乌斯季卢加港和友谊管道向欧洲市场出口1.8亿吨左右的乌拉尔原油。这些原油大部分没有在交易所进行交易，而是买卖双方直接进行现货交易，这使乌拉尔原油没有形成自有的价格决定机制，最终的交易价格通常是参照布伦特原油（北海市场）的现货价格并贴水。由于将布伦特原油价格作为基准价格，乌拉尔原油在受到自身需求影响的同时还要受到对布伦特原油需求的影响。这种状况持续的结果是乌拉尔原油价格通常要低于布伦特原油数美元，也低于自身预期价格。

乌拉尔原油价格在国际市场被低估的状况日益引起俄罗斯高层的不满。时任总理普京在向联邦会议提交的2006年的政府报告中明确指出在俄罗斯国内建立包括原油、成品油和天然气在内的油气商品交易所的必要性，并使此责成为政府相关部门的重要任务。随后，俄罗斯的主要商品交易机构相继推出了原油和成品油的现货和期货交易合约。2007年，俄罗斯普里莫尔斯克港出口原油（REBCO）的期货交易在纽约商品交易所（NYMEX）正式挂牌；2008年，新成立的圣彼得堡资源商品交易所（SPIMEX）推出了乌拉尔原油的国内市场期货合约。但这些旨在改善俄罗斯出口原油的定价机制的措施并未如预期那样顺利发展。其中，乌拉尔原油期货合约直到2011年才只完成1次（1000吨）①。尽管如此，随着政府反垄断政策中交易所平台重要性的增强，圣彼得堡资源商品交易所的油气交易逐渐活跃起来。

  俄罗斯原油没有受到商品交易所里面的交易商的青睐，主要由于它还不具备成为国际原油市场基准价格的必要条件。首先是流通性。俄罗斯原油从产地到港口主要依靠管道运输，原油生产企业需要每季度向能源部和国家管道公司提交运输路径、出口方向和出口数量的申请。在申请被批准后，如果没有认真执行，原油生产企业还要面临惩罚措施。这种管制措施大大降低了俄罗斯原油的自由流通程度。其次是原油质量。俄罗斯出口原油多为管道混合原油。因为多个不同的产区，质量发生变化的概率和频率相对增大。这也在一定程度上降低了俄罗斯出口原油的稳定性。

---

  ① D. Khrennikova, Russia in No Hurry on Crude Exchange Trading, *Platss Oilgram News*, October 22, 2012.

相较于原油的所内交易，成品油交易平台的建立取得了一定的成果。圣彼得堡能源商品交易所（SPIMEX）成立之后就致力于推动成品油的所内交易，交易所总裁也成为政府能源产业委员会成员。2015年该所的成品油交易量达到近1548万吨，近5年来增长两倍多，占国内成品油市场供应量的约17%。

表4-3　　　　　　　　圣彼得堡资源商品交易所交易量变化

年份	2010年	2011年	2012年	2013年	2014年	2015年
原油（万吨）	—	0.1	—	101.7	72.8	205.1
成品油（万吨）	486.3	1153.6	956.7	1352.3	1719.0	1547.9
天然气（亿立方米）	—	—	—	—	5.34	76.5

资料来源：圣彼得堡资源商品交易所（SPIMEX）。

圣彼得堡能源商品交易所的交易量的快速增长反映了市场中存在对油气自由贸易的渴望心理，同时这也与政府的大力支持与推动分不开。俄罗斯政府的意图在于通过建立国内的能源商品交易平台，促进乌拉尔原油及成品油交易的公开性，进而扩大交易范围，形成独立的价格决定机制。此外，由于俄罗斯石油的生产和流通主要由几个大型的上下游一体化公司所控制，事实上形成了寡头竞争的市场，其内部的原油和成品油交易很不透明。这种不透明的交易一方面使企业产生了利用转移价格以便避税的可能，另一方面客观上分割了成品油市场，使价格更加容易被大企业操纵。因此，政府部门中税务局和反垄断局最为支持建立以交易所为平台的石油商品交易机制。由于占据企业大部分收入的出口关税和矿产资源税的征税基准已与国际市场原油价格挂钩，而国际市场原油价格不可能被国内企业所操纵，因此转移价格给俄罗斯油企的经济激励已不显著，从而使国家税务局与大企业之间的冲突显得并不太突出。反垄断局由于关于公平竞争问题，即价格是否真实反映供求关系，与大企业间的矛盾也变得最为突出。

反垄断局从2007年开始利用交易所所内价格和所外价格作为参考依据，对全国的成品油交易价格实施每周实时监控。因为成品油价格问题，反垄断局已发起数次针对大型油企的大规模反垄断调查，并开出大额罚单。反垄断局的指控主要集中在恶意使用市场优势地位、歧视性价格和价格卡特尔三方面。这些指控中反映出的问题具有深刻的产业背景。其一，俄罗斯大型石油企业都采用上下游一体化经营模式，原油和成品油优先供应内部炼厂和销售网络是普遍的经营手法。然而在市场供应不足的情况下，这种经营模式容易对外部需求方造成歧视性对待。其二，现在的俄罗斯石油企业是在苏联解体后根据地域划分的石油公司的基础上建立起来的，它们先天具有地区性的垄断地位，这很容易导致乱用垄断地位和实施价格歧视。

　　反垄断局对待上述问题的做法是一方面通过制定行业规制和立法来限制大型石油企业的垄断性行为，另一方面扩大商品交易所所内商品交易数量和交易者数量。2013年1月，反垄断局和能源部联合发布部门规定，要求具有寡占性质的石油企业将占总产量一定比例的成品油投放至商品交易所进行交易。反垄断局的上述强制性措施反映了政府在此问题上的坚决立场，但并没有从根本上给予企业提高积极性的动力。在大型石油企业并不积极参与的情况下，商品交易所平台在国内定价方面的作用将十分有限。

五 欧美制裁与俄罗斯油气企业发展

2014—2015年俄罗斯石油企业面临着国际油价下跌和欧美制裁的双重打击,当时社会舆论普遍预计俄罗斯油企面临巨大的经营困难。然而,与社会舆论普遍预测相反,俄罗斯油气在制裁和油价下跌的一年时间里原油产量没有出现大幅度下降(参见表5-1)。因此,本章分析了2014年第三季度至2015年上半年这一年时间俄罗斯石油企业的经营状况,探讨俄罗斯石油企业面临的困难及其对策,这段历史对于保障当前及未来俄罗斯的能源安全具有重要的借鉴意义。

(一) 油气产量变化

2014年第三季度至2015年上半年,除俄罗斯石油公司(以下简称"俄油")外,卢克公司、苏尔古特公司和俄罗斯天然气石油公司(以下简称"俄气石油")均实现同比增长(参见表5-2)。其中,卢克公司在进入2015年后同比增长幅度达到5%以上(第一季度为7.8%,上半年为5.2%);俄气石油公司也实现6%以上的同比增长(第一季度为6.2%,上半年为7.2%)。俄油公司虽然出现同比下降,但降幅不高,控制在1%左右。可以看出,在原油产量方面,俄罗斯石油企业在短期内并没有受到太大影响。

表5-1　　　　　　　主要石油公司原油产量变化

时间	2014第三季度	2014第四季度	2015第一季度	2015第二季度
俄油(千桶/日)	4135	4150	4131	4126
卢克(千桶/日)	2035	2041	2033	2055
苏尔古特(百万吨)	15.509	15.508	15.153	15.353
俄气石油(百万吨)	13.3	13.4	13.37	13.81

资料来源:苏尔古特来自俄罗斯能源部,其他来自各公司季度报告。

表5-2　　　　　　主要石油公司原油产量同比增幅　　　　(单位:%)

时间	2014年前三季度	2014年全年	2015年第一季度	2015年上半年
俄油	-0.6	-0.9	-1.6	-1.1
卢克	5.9	6.4	7.8	5.2
苏尔古特	0	0	0.3	0.3
俄气石油	2.6	2.9	6.2	7.2

资料来源:苏尔古特来自俄罗斯能源部,其他来自各公司季度报告。

俄罗斯石油企业在困境中能够维持原油产量甚至实现增长主要有三个原因。其一是老旧生产油田的潜力开发。2015年上半年，俄油公司的乌瓦特（Уват）和萨马拉（Самара）、俄气石油公司的汉托斯（Хантос）和奥伦堡（Оренбург）等西西伯利亚地区的传统油气生产区的产量分别实现9.7%、4.3%、5.2%和14.3%的大幅度增长①。其二是潜力地区（东西伯利亚、远东及北极）的油气项目进入产量上升通道。俄油公司的上琼（Верхнечонское）和萨哈林–1、卢克公司在季曼·佰朝拉地区的特列布斯·季托夫（Требс и Титов，与巴什基尔公司合作）、俄气石油公司在北极地区的新港（Новый Порт）等分别实现7.8%、5.9%、7.8%和433%的同比增长。这些地区是俄罗斯未来油气生产的潜力地区，其产量的增长有效抑制了老旧油田产量下降的影响。其三是新建项目的投产。2015年上半年投产的项目有俄油公司的远东沿海（Шельф Дальний Восток）、俄气石油公司在北极地区的普里拉兹洛姆（Приразломное）和北方天然气（Нортгаза，与诺瓦泰克合作）。这些新项目开始生产原油或凝析油，同期产量分别达到95万吨、30万吨和21万吨。此外，海外项目的投产也为俄罗斯石油公司产量的增长做出重要贡

---

① 俄油公司的乌瓦特生产地区原属于TNK–BP。与尤科斯相同，并购TNK–BP给俄油公司带来了产量提升方面的积极变化。

献。卢克公司在伊拉克的西库尔姆-2项目投产,同期卢克公司的产量份额为263万吨,而同期卢克公司国内原油产量仅增长4000吨。此外,俄气石油在伊拉克的巴德拉·库尔德项目也开始取得份额油(17万吨)。

如前所述,天然气产出会带动凝析油的生产。2015年俄罗斯石油公司原油产量的增加部分是天然气增产的副效果。与原油相同,油价开始下跌以来,俄罗斯石油公司的天然气产量保持增长,部分公司的增幅甚至远大于原油(参见图5-1)①。俄油公司和俄气

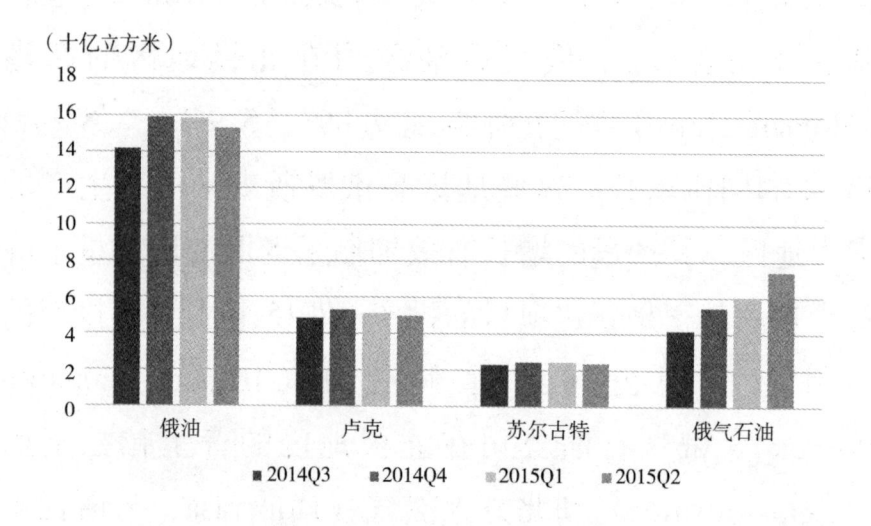

图5-1 主要石油公司天然气(含伴生气)产量变化

资料来源:苏尔古特来自俄罗斯能源部,其他来自各公司季度报告。

---

① 这里的天然气产量也包括伴生气产量。如前所述,伴生气是原油生产的伴生物。伴生气产量的增长与凝析油的增产无关。因此,原则上,分析天然气增产对原油增产的作用时应将伴生气剔除。

石油公司都实现了天然气的大幅度增长，即使进入2015年，增幅也维持在16%以上，俄气石油在2015年上半年甚至实现67.2%的增长（参见表5-3）。卢克公司和苏尔古特公司虽然在2014年后半年表现不尽如人意，天然气产量同比出现倒退，但进入2015年后开始出现同比增长，增长率保持在2%以上。

天然气产量增长原因与原油类似，主要由老旧气田的再开发和新的天然气项目的开展来带动。老旧气田的代表是俄油的罗斯潘（Роспан）和伊杰拉（Итера），2015年上半年产量分别增加了8.5%和2%[①]。新建项目有俄气石油公司的北方天然气等。由于天然气已成为俄罗斯石油公司的主要业务之一，因此天然气产量的增长对于改善公司经营状况起到积极的作用。

表5-3　　主要石油公司天然气（含伴生气）产量同比增幅

（单位：十亿立方米）

时间	2014年前三季度	2014年全年	2015年第一季度	2015年上半年
俄油	41.5	39.9	19.7	16.4
卢克	-2.8	-2.0	2.0	2.9
苏尔古特	-23.1	-21.6	0.2	2.2
俄气石油	16.1	21.5	47.8	67.2

资料来源：各公司季度报告。

---

① 罗斯潘原是TNK-BP的资产，伊杰拉于2013年被俄油公司完全收购。与原油同样，俄油公司的并购对增产的积极效果也体现在天然气领域。

天然气产量的增长部分弥补了原油产量的下降，带动了油气总产量的增长。2014年第三季度以来，俄罗斯主要石油公司的油气合计产量均出现同比增长。即使是原油产量下降的俄油公司，在算入天然气产量后也实现了同比增长，且涨幅达到2%—5%。俄气石油公司在计入天然气产量后总产量在2015年上半年的增幅甚至达到20%以上。

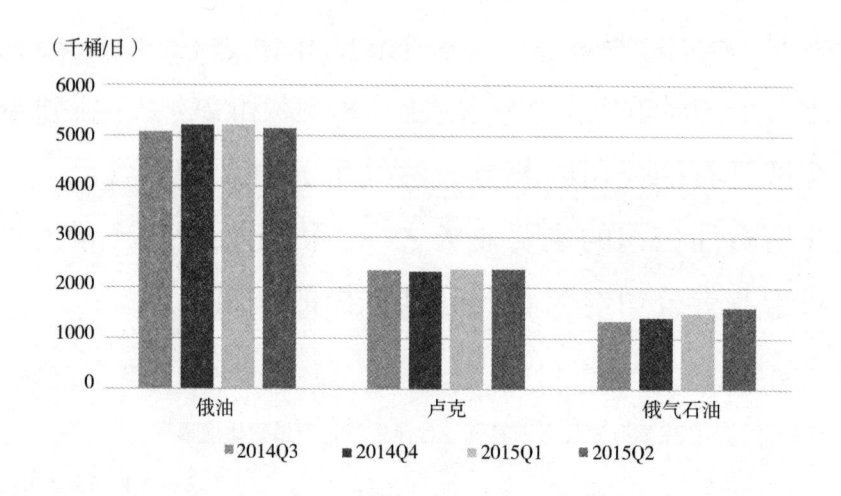

图5-2 2014年第三季度—2015年第二季度主要石油公司油气合计产量变化
资料来源：各公司季度报告。

综上所述，从油气产量来看，在短期内，俄罗斯整体和主要石油公司并没有受到油价下跌和欧美制裁的影响。如前所述，欧美制裁主要作用于长期影响。同时，在油价下跌的情况下，为了不导致收入过度下降和稳定投资者信心，石油公司通常会保持稳产甚或小幅度增长。可以说，俄罗斯石油公司的产量业绩也反映了石油产业的一般规律。然而，在油价低迷的情况下，这种稳产（或增产）的政策会加剧全球石油市场供给，从而增加油价下行的压力①。

表5-4　　　　主要石油公司油气合计产量同比增幅　　　（单位:%）

	2014年前三季度	2014年全年	2015年第一季度	2015年上半年
俄油	5.0	4.8	2.1	2.0
卢克	4.6	5.1	7.0	4.8
俄气石油	5.7	7.2	15.4	20.9

资料来源：各公司季度报告。

（二）经营业绩变化

与欧美跨国公司一样，油价大幅度下跌也给俄罗斯石油公司经营业绩造成重大影响。然而，由于存在卢布的贬值因素，俄罗斯石油公司的经营业绩在不同货币计算情况下呈现出不同特征。

在美元计价的情况下，俄罗斯主要石油公司2015年上半年的营业收入同比大幅度下跌。除苏尔古特公

---

① 2009年前半年的情况与2015年有些相似，俄罗斯石油企业普遍实行稳产措施。不同的是，由于各国开始积极救市，导致全球对石油需求的增长预期重新抬头，从而抵消了供给增长的效果，国际油价又迅速返回高位。

司（-23.3%）外，俄油公司、卢克公司和俄气石油公司的降幅超过30%。同时，净利润收入也大幅度下降。俄气石油公司状况稍好（-17.1%），苏尔古特公司降幅超过30%，而俄油公司和卢克公司降幅甚至超过50%。然而，在卢布计价的情况下，俄罗斯石油公司并没有大幅度且一致的变化趋势。比如，在营业收入方面，只有俄油公司和俄气石油公司出现同比下降，且降幅只有7.8%和1.5%，但剔除出口关税后的营业收入均实现增长，且涨幅达到10%左右；卢克公司和苏尔古特公司则出现同比增长，后者增幅甚至达到15%以上。净利润方面，俄油公司和卢克公司虽然也出现大幅度下跌，但跌幅远小于美元计价程度；俄气石油公司和苏尔古特公司则实现同比增长，前者增幅接近25%。

如前所述，由于卢布的贬值效应，卢布计算的油价并没有美元计算油价的变化明显，这也使得卢布计价的俄罗斯石油公司的收入并未出现太大的变动。此外，关税的调整（详见后述）、国内外业务的比重、支出变化、成本中进口部分的比重等因素造成不同俄罗斯石油公司间的收入和利润差异。然而，从总体来看，俄罗斯石油公司的收入表现要明显好过外界预期。由于这些公司相当一部分的营业收入和生产设备依赖于国内市场，因此可以预见在现有市场和政策条件下，其营业收入（特别是剔除关税后的收入）并不会出现过度恶化。①

表 5-5　　　　　　　主要石油公司盈利状况变化

主要石油公司	盈利状况	2014年上半年		2015年上半年			
		亿美元	亿卢布	亿美元	同比（%）	亿卢布	同比（%）
俄油	总收入	80.3	2772	46.2	-42.5	2556	-7.8
	去除关税后收入	56.1	1927	37.8	-32.6	2119	10.0
	净利润	7.2	260	3.5	-51.4	190	-26.9
卢克	总收入	73.9	2584	51.3	-30.6	2704	4.6
	去除关税后收入	63.1	2207	45.8	-27.4	2414	9.4
	净利润	4.1	143	1.7	-58.5	90	-37.5
俄气石油	总收入	23.3	815	15.2	-34.6	803	-1.5
	去除关税后收入	19.7	688	13.6	-31.0	715	3.9
	净利润	2.6	91	2.1	-17.1	113	24.9
苏尔古特	总收入	13.0	455	10.0	-23.3	525	15.5
	净利润	3.7	129	2.6	-30.9	135	4.1

注：美元兑卢布汇率取俄罗斯央行公布的平均汇率，2014年上半年为1:34.97，2015年下半年为1:52.7。

资料来源：俄油（卢布和美元）、卢克（美元）、俄气石油和苏尔古特（卢布）来自各公司季度报告。其余为笔者换算。

在反映公司经营状况的主要指标的变化方面，俄

---

① 一般情况下，俄罗斯石油公司原油产量的一半用于国内炼化或直接销售，另一半用于出口。因此，国内市场的销售收入是公司收入的重要组成部分。技术设备方面，虽然部分油气设备存在较高的海外依存度，但总体上看，国内市场仍是俄罗斯石油公司的重要采购市场。此外，由于公司具体情况的不同，生产采购中的海外依存度也存在差异。比如，苏尔古特公司2015年上半年的海外采购金额仅占总采购金额的21.4%。

罗斯石油公司 2015 年上半年的表现总体上也好于外界预期。在盈利能力方面，主要可用两个指标——经营净利率和净资产收益率来衡量。① 从经营净利率来看，俄气石油公司出现同比增长，其他三家公司同比均为下降，显示盈利能力在下降。其中，俄气石油公司和苏尔古特公司的经营净利率都超过 10%，后者甚至接近 25%，仍然显示出较好的盈利能力。另一个指标——净资产收益率的变化趋势与经营净利率相似，除俄气石油公司外，其他三家公司均出现同比下降，同时也只有俄气石油一家公司维持在 8% 以上。这说明从投资者的角度来看，俄罗斯石油企业的总体吸引力不强并呈逐渐弱化趋势。

表 5－6　　　　　　　主要石油公司经营指标变化　　　　　　（单位:%）

	时间	俄油		卢克		俄气石油		苏尔古特		备注
		14H1	15H1	14H1	15H1	14H1	15H1	14H1	15H1	
偿债	流动比率	1.05	3.50	1.56	1.63	1.86	1.62	5.89	4.93	2＜
	速动比率	0.92	3.04	1.00	1.09	1.47	1.27	5.36	4.53	1＜
	利息保障率	7.35	2.70	18.88	7.25	20.11	10.86	45.29	44.39	1＜

---

① 经营净利率为净利润与主营业务收入之比，一般认为达到 10% 就具有相当不错的盈利能力。净资产收益率是净利润与平均股东权益之间的比值，反映企业自有资金的投资收益水平，是衡量企业盈利能力的核心指标，也是企业股东关注的主要财务指标之一。一般认为净资产收益率高于 8% 较为适宜。

续表

时间		俄油		卢克		俄气石油		苏尔古特		备注
		14H1	15H1	14H1	15H1	14H1	15H1	14H1	15H1	
盈利	经营净利率	10.00	6.76	5.60	3.34	11.11	14.09	29.58	24.60	10 <
	净资产收益率	8.11	2.20	5.17	2.11	9.21	10.16	6.70	4.54	8 <
财务	资产负债率	58.43	48.14	29.59	26.60	38.72	44.14	8.19	7.65	<60
	长期负债资产比率	37.92	41.99	14.47	14.91	24.41	30.12	2.56	2.11	

注：H1 = 上半年；苏尔古特季度报告中未显示利息费用项，这里用 2014 年年报中的数值 50% 替代。除卢克公司（美元）外，其余公司均在卢布单位下计算。

资料来源：笔者根据各公司季度报告计算。

与企业的盈利能力相比，对俄罗斯石油企业经营恶化的担忧主要来自其偿债能力。截至 2014 年上半年，俄罗斯四大石油企业的主要债务（贷款和公司债）按当时的汇率总计约达 925 亿美元，其中短期债务（包括长期债务的当期部分）占 36%，约为 335 亿美元。在外部环境恶化时俄罗斯石油企业能否按时偿还这些债务，以及这些债务的偿还是否会阻碍企业的未来发展，成为关注的焦点。衡量企业的偿债能力一般可以通过三个指标——流动比率、速动比率和利息保障率进行。①

---

① 流动比率是企业流动资产与流动（短期）负债的比值，反映企业的偿债保障程度，一般认为流动比率大于 2 较好。速动比率是企业速动资产（剔除存货和待摊费用之后的流动资产）与流动（短期）负债的比值。由于存货的变现能力很差，因此速动比率比流动比率更能反映企业的偿债能力。在假设速动资产和存货的比例为 1:1 时，速动比率大于 1 较好。利息保障率又称利息保障倍数，是息税前利润与利息费用的比值。一般认为其值应大于 1，比值越高，说明企业长期偿债能力越强。

2015年上半年的数据显示，俄油公司和卢克公司的流动比率和速动比率同比上升，特别是俄油公司，这个指标（3.50%和3.04%）都超过标准值；俄气石油公司和苏尔古特公司的两个指标出现同比下降，但速动比率（1.27%和4.53%）仍在标准值之上，这说明俄罗斯石油公司的短期债务偿还能力并未有大幅度下降，个别公司反而在上升。再看反映长期债务偿还能力的利息保障率指标。四大石油公司都出现同比下降，除苏尔古特公司外，其他三家公司降幅大于50%。尽管如此，即使是指标值最低的俄油公司（2.7），也超过一般经验的标准值，而苏尔古特公司的指标值甚至仍维持在40倍以上。这说明俄罗斯石油公司的长期债务偿还能力并未达到外界预期的严重程度。

此外，从企业的财务结构上看，俄罗斯石油公司在2015年上半年总体上有所改善。财务结构可以通过资产负债率和长期资产负债率来观察①。资产负债率方面，除俄气石油公司有小幅度上升之外，其他三家公司都出现同比下降，且四家公司的指标值均在50%以下。说明公司的财务风险得到改善并维持在中低水平。长期资产负债率方面，除苏尔古特公司略有下降之外，

---

① 资产负债率是企业债务总额与资产总额的比值，用来说明企业资产中外来资金的比率，一般经验认为该比值在60%以下为宜。长期资产负债率是企业长期债务总额与资产总额的比值，反映企业长期的财务结构风险。

其余三家公司均出现小幅度同比上升，但指标值仍在可接受范围内。结合两个指标值的变化可以看出俄罗斯石油公司的债务中长期负债的比例在上升。这一方面可以解释为短期债务因为得到及时偿还而有所减少，也可以解释为公司采取了以长期债务替代短期债务的策略。总之，俄罗斯石油公司在财务结构层面并没有出现外界预想的风险增大的变化。

（三）俄油公司的偿债能力

在分析俄罗斯石油公司偿债能力时，俄油公司的指标值变化最具代表性，因为该公司在2014年6月底时点上的负债总额（贷款和公司债）占四大公司合计金额的70%，相对违约的风险也最大。实际上，从俄油公司2014年下半年以来的融资金额来看，公司的融资能力并没受太大影响。截至2015年下半年，在油价下跌和制裁开始的一年的时间内，俄油公司通过贷款和回购协议等方式筹得超过1万亿卢布的资金，其中长期借款比例在30%左右。这可以完全覆盖截至2014年上半年和2015年上半年的短期主要债务余额（分别为8620亿卢布和9660亿卢布）。如前所述，欧美对俄罗斯石油公司的金融制裁主要在国外市场的短期借款（包括贷款和公司债）和新股票发行方面，但无法限制俄罗斯国内市场的融资。可以看出，俄油公司这一年来的主要融资渠道是短期和长期的国内贷款以及回购协议借款。特别是后者，其融资金额占全部的80%，成为最主要的融资方式。① 此外，值得注意的是，俄油公司的贷款抵押方式长期以来以油气出口收入为主。截至2015年上半年，用于贷款抵押的出口收入占到出口总收入的26.1%，这预示该公司还有很大的融资空间。

除上述的融资方式外，建立在长期油气商品买卖合同基础上的预付款制度为俄油公司提供了一种廉价的融资渠道。② 其本质是将未来的收入提前兑现，因此

---

① 股票交易方式的回购协议可以较为灵活地转为真实的股票交易，这可能是其未被欧美制裁内容包括在内的原因。因为要对此种融资实施制裁，意味着限制现有的公司股票交易。由于俄罗斯主要石油公司已在欧美交易所上市，因此限制股票交易将导致现有持股者遭受巨大损失。

② 这里的预付款在俄油公司的资产负债表中被列入负债部分，这也被J. Henderson（2015）和陆京泽（2014）所观察到。预付款制度是指俄油公司作为卖方与买方公司签订长期油气供货协议，买方公司按约定时间和市场价格提前支付部分交易金额，视为预付款，卖方公司则按照约定日期交货，并根据交货日期的实际交易金额优先交付预付款相对应的货物数量。俄油公司在其年报中表示预付款是发掘公司优势的有效途径。通过预付款制度，俄油公司实际上提前使用了买方企业的资金（未来的货款）。需要注意的是俄油公司在偿还预付款时也要支付利息，但可以推测利率相对较低，也即向买方公司转嫁了部分融资成本。Henderson认为俄油公司最早的预付款交易可以追溯到2005年年初与中石油签订的长期铁路原油贸易合同。从公开的信息来看，这有可能是误解。2004年及2009年的中俄间的长期原油贸易合同均与贷款合同绑定，贷款方为俄油公司，抵押品为供货原油。因此俄油公司收到的并非预付款，而是银行贷款。从俄油公司的财务年报来看，大规模的预付款合同是从2013年开始的。

也构成企业负债的一部分（与一般融资的区别是实物偿还）。从 2013 年起，俄油公司陆续和主要石油贸易商（Glencore、Vitol 及 Trafigura）、大型石油公司（中石油、BP 及 PDVSA）签订带有预付款规定的长期油品供货合同，其涉及的合计交易数量接近 4.6 亿吨，合计金额达 826 亿美元。截至 2015 年上半年，俄油公司共收到 9670 亿卢布预付款，粗略估计在 250 亿美元左右。这意味着俄油公司在未来一段之间内还能收到大约 600 亿美元的预付款，将极大地增强公司的流动资金数额和债务偿还能力。

预付款制度是油价下跌和欧美制裁开始前实施的合同方式，主要用来帮助俄油公司偿还包括 TNK–BP 在内的 2012 年以来的多项并购交易所用贷款，本质上也是一种借款，只是利息更低。由于支付预付款的买方（主要是石油贸易商）也需要通过融资获得所需资金，因此这部分融资也受到欧美制裁的影响。比如，Vitol 公司就因欧美银行拒绝提供贷款，导致其预付款不能按期支付。[①] 此外，由于预付款本质上也是借款，因此也需设定一定的额度以避免过度影响未来

---

① Sanctions Hit Rosneft Deal for $2bn Finance, *The Times*, August 22, 2014.

的收入和偿债能力。① 俄油公司在其年报中强调,预付款对象的合同量将控制在其总出口量的30%以下。2014年,预付款合同涉及的原油交易量达3400万吨,占公司原油出口总量的约30%,基本符合公司的预定方针。

表5-7　　　　　　　　俄油公司主要预付款贸易协议

（单位：100万吨、10亿美元）

签约年份	买方	合同期限	交易品种	交易数量	预付款金额
2013	中石油	25年	原油	360	67
2013	Glencore	5年	原油	39.2	8.2*
2013	Vitol	5年	原油	16.8	
2013	Trafigura	5年	原油	10.1	1.5
2014	BP	5年	原油、成品油	12	1.9
2014	PDVSA	5年	原油	3.2	4**
			成品油	17.1	
合计				458.4	82.6

注：* 为Glencore与Vitol的合计值；** 为原油和成品油合计值。
资料来源：俄油公司年报；中石油预付款金额来自Nefte Compass。

---

① 此外,预付款合约也可能对国际原油价格产生影响。陆京泽(2014年)指出,预付款合约的买方会在原油期货市场上一定时期内持续出售大量的看空期权以对冲原油价格波动的风险。这样的交易可能会持续地构成对国际油价的下行压力。

（四）资本投入变化

如前所述，俄罗斯石油公司的营业收入，特别是扣除关税后的收入总体上呈同比增长趋势。加之存在绕过制裁的融资渠道，偿债能力并未受到影响，这使得俄罗斯石油公司可以较为从容地进行资本投入。由于资本投入关系到未来的收入，因此通过对这部分变化的观察可以对公司的未来生产状况和特征做出初步判断。

表 5-8　主要石油公司主营业务板块资本性投入变化

时间		2014 年上半年		2015 年上半年			
		百万美元	十亿卢布	百万美元	同比(%)	十亿卢布	同比(%)
俄油	总投入	6777	237	5104	-24.7	269	13.5
	勘探与生产	4661	163	3909	-16.1	206	26.4
	炼化和贸易	1687	59	1290	-23.5	68	-13.2
卢克	总投入	7722		5320	-31.1		
	勘探与生产	6170		4306	-30.2		
	国内	4440	155	2523	-43.2	133	-14.4
	国外	1730		1783	3.1		
	炼油和贸易	1339		875	-34.7		
	国内	908	32	651	-28.3	34	8.0
	国外	431		224	-48.0		

续表

时间		2014年上半年		2015年上半年			
		百万美元	十亿卢布	百万美元	同比(%)	十亿卢布	同比(%)
俄气石油	石化	80	3	56	-30.0	3	5.5
	国内	80	3	56	-30.0	3	5.5
	国内总计	5428	190	3230	-40.5	170	-10.3
	国外总计	2161		2007	-7.1		
	总投入	3077	107.6	2810	-8.7	148.1	37.6
	勘探与生产	2271	79.4	2006	-11.7	105.7	33.1
	炼化	295	10.3	178	-39.4	9.4	-8.9
	贸易	97	3.4	97	-0.5	5.1	49.7

注：2015年上半年俄工业品价格指数同比上涨11.5%，消费品价格指数同比上涨8.4%；美元兑卢布汇率取俄罗斯央行公布的平均汇率，2014年上半年为1:34.97，2015年下半年为1:52.7。

资料来源：各公司季度报告。

与营业收入的变化相似，2015年上半年，俄罗斯石油公司美元计算的资本投入同比呈下降趋势，但卢布计算的资本投入总体上同比上升，且增幅大于扣除关税后的营业收入增幅，同时也大于同期价格指数上涨比率。① 其中，俄油公司减少了炼化和贸易板块的支出，增加了勘探和生产板块的支出，俄气石油公司的炼化和贸易板块的总体投入保持稳定，但大幅度增加

---

① 这可以用来解释为什么经营利润率会出现同比下降。当然，影响净利润还有债务偿还和税收等因素。关于税收部分的影响将在第五部分进行详细讨论。

了勘探和生产板块的支出。卢克公司增加了国外勘探生产板块及国内炼化板块的资本支出，但减少了国内勘探与生产板块的支出。

表5-9　　2015年上半年主要石油公司国内勘探投入同比变化　（单位：%）

石油公司	俄油	卢克	苏尔古特	俄气石油
勘探费用	-29	+44	na	-51
总钻探量	+28	-15	+6	-7
水平钻探量	+43	-8	+80	+9

资料来源：欧亚钻井公司（Eurasia Drilling）季度报告。

对勘探和生产板块的资本投入做进一步分析，可以更明确不同公司的投资特征。比如，俄油公司和俄气石油公司虽然勘探和生产板块的总体投入出现大幅同比增长，但其中的勘探板块却出现大幅度下降，这说明大部分的投资从勘探转移到生产板块。如果将勘探理解为对未来生产的投资，那就说明两家公司在当前条件下更注重当期的生产状况，即稳定和维持既有的产量。必须指出的是，两家公司，特别是俄油公司，拥有大量北极地区及大陆架区域的区块资源。由于这些区块需要欧美先进技术支撑，同时勘探成本高昂，因此在当前外部环境下，实际的勘探活动处于停滞状态，这也部分构成了两公司勘探投入下降的原因。与此相对应的是，卢克公司虽然勘探和生产板块的总体投入同比下降，但勘探板块的投入却出现大幅度增长，意味着投入下降的部分是生产板块。这可以解释为公司看低国内现有在产资源的开发潜力，而注重开拓未来新区块的增长潜力。同时，卢克公司对海外勘探和生产的重视也使其减少对国内相同领域的投资。

综上所述，虽然关注的板块不同，但俄罗斯主要石油公司均在不同程度上提高了资本性投入（卢布计算），稳定当前和未来的油气产量显然有利于增强外部不利环境下的企业竞争力。

（五）资产重组与国际合作

资产重组和国际合作都是石油公司经营策略的重要内容。按照一般经验，在油价下跌时，石油公司普遍对资产进行优化重组，改善资产结构，增强危机条件下的竞争力。此外，资产重组还对改善企业流动性和未来生产结构具有重要作用。开展国际合作则能帮助石油公司拓展市场、增加融资渠道以及分散投资和经营风险。如前所述，欧美制裁限制了俄罗斯石油公司的长期融资和生产能力，也阻碍了其国际合作的开展。然而实际上，俄罗斯石油公司仍有多种渠道可以规避制裁。通过对近期资产重组和国际合作进展情况进行考察,可以发现俄罗斯石油公司应对危机的新对策及其特征。

表 5-10   主要石油公司近期资产重组的主要动向

石油公司	动向	时间	对象	板块	价格
俄油	并购	2014.07	Weatherford 下属公司控制权股份	生产	5 亿美元
		2014.07	巴西苏里莫耶斯项目 55% 权益	生产	5500 万美元
		2014.09	比什凯克石油公司全部股权	销售	3900 万美元
		2014.11	道达尔旗下德国炼厂 16.67% 股权	炼化	
		2014.12	卢克在国家石油联合体中 20% 股权	生产	
		2015.03	新古比雪夫石化厂全部股权	炼化	3 亿美元
		2015.08	Trican Well Service 在俄子公司	勘探	
	出售	2015.09	万科尔石油公司 15% 股权	生产	12.68 亿美元
		2015.06	塔斯尤里亚赫油气生产公司 20% 股权	生产	7.5 亿美元
		2015.10	Saras S. p. A 的 8.99% 股权	销售	1.6 亿欧元
俄气石油	并购	2014.07	北方天然气 18.2% 股权	生产	86 亿卢布
卢克	出售	2014.12	在捷克、匈牙利、斯洛伐克的零售网络	销售	
		2015.04	在乌克兰的零售网络	销售	
		2015.04	阿姆斯特丹港口	储运	
		2015.08	Caspian Investment Resource 50% 股权	生产	10.67 亿美元

资料来源:各公司年报和季度报告、Interfax。

表 5-11　　俄油公司近期国际合作进展

板块	时间	对象	内容
石油贸易	2014.11	PDVSA	向委内瑞拉供应 5 年期 320 万吨原油和 1720 万吨成品油
	2015.06	中化	向中国供应 1 年期 240 万吨原油
	2015.07	Essar	向印度供应 10 年期 1 亿吨原油
	2015.08	EGAS	向埃及供应 LNG
	2015.09	中化	向中国供应 3 年期 400 万吨原油
勘探	2014.07	北大西洋钻井	长期大陆架钻探合作
	2015.06	BP	东西伯利亚油田勘探合作
	2015.09	中海油服	鄂霍次克海大陆架钻探合作
	2015.09	日本海洋钻井	越南大陆架钻探合作
	2015.09	通用电气	生产设备本地化合作
	2015.10	埃克森美孚	共同取得莫桑比克大陆架区块
生产	2014.07	古巴联合石油	古巴老油田强化采油
	2014.07	PDVSA	委内瑞拉上游开发和工程建设合作
	2014.10	中石油	开发和对中国输送 LNG 合作
	2014.10	倍耐力	远东石化工厂合作
	2014.11	中石油	天津炼厂投资可行性调查
	2015.03	Golar LNG	浮动式 LNG 存储设施合作
	2015.06	印尼国油	油气生产与贸易综合合作
资产交易	2014.08	北大西洋钻井	商讨资产交换
	2014.11	中石油	万科尔石油公司 10% 股权
	2015.06	中化	中化下属公司 30% 股权
	2015.06	SPG	塔斯尤里亚赫油气生产公司 29% 股权
	2015.06	BP	炼厂资产交换
	2015.07	Essar	Vadinar 炼厂 49% 股权
	2015.09	中石化	俄油田企业非控制权股份
	2015.09	中化	远东石化工厂控制权股份

资料来源：公司新闻公告。

六　俄罗斯政府与油气产业反制裁

（一）政府对行业的援助

每当油价大幅度下跌时，俄罗斯政府是否会对油气公司进行援助就成为舆论关心的话题。在油价下跌和欧美制裁的双重压力下，政府对油气行业进行援助的必要性陡然上升。政府对油气行业进行援助的理论依据是双方利益的一致性，这主要表现为两点：其一是政府收入和俄罗斯经济发展严重依赖油气行业；其二是国有企业在油气行业中占有较大比重。然而，这种利益一致性也蕴含着对立的一面，其对立性主要体现在油气收入分配方面。由于"库德林的剪刀"的存在，油气收入的分配严重倾向于政府，① 这是俄罗斯政

---

① 油气收入在政府与企业之间的分配主要通过税收来进行。现行的与国际油价关联的阶梯式征税方式是在库德林主政财政部时出台的，也被认为是库德林对俄罗斯经济增长的重要贡献之一。由于这种征税方式将大部分的油气收入留给了政府，所以被舆论戏称为"库德林的剪刀"，即剪掉了油气公司的大部分收入。

府和油气公司、政府内各部门间多年来争论的焦点问题。因此，政府是否对油气公司进行援助问题的本质是，政府如何向油气公司让渡部分油气收入。

表6-1　　　　　　　　石油产品相关税率变化

	时间		2015年	2016年	2017年
出口关税	原油	修改后	42%	36%	30%
		修改前	57%	55%	—
	汽油	修改后	78%	61%	30%
		修改前	90%	—	—
	柴油	修改后	48%	40%	30%
		修改前	65%	63%	61%
	燃料油	修改后	76%	82%	100%
		修改前	66%	—	—
矿产资源税	原油	修改后	766	857	919
		修改前	530	559	—

注：原油出口关税为每吨美元价格与182.5间差值的百分比；成品油出口关税为原油出口关税的百分比；矿产资源税单位为卢布/吨；表中显示的是一般税率，不反映个别优惠税率。

资料来源：俄罗斯政府网站、Коммерсантъ。

由于油气收入分配的主要渠道是税制，因此税制变化成为观察政府在石油公司应对危机中的作用的一个重要指标。2014年年底，俄罗斯完成了油气税制修订的立法程序，从2015年起开始实行新税制。可以看出，原油及成品油（除燃料油外）的出口关税的税率均有大幅度的下降。这种减税措施将给石油公司以巨大的经济激励。需要指出的是,这一新税制的草案是在 2014 年 7 月底成形的。彼时的油价仅是开始下降,欧美的金融制裁也几乎是在同时开始,而草案的形成却需要大量的时间,因此不能将出口关税税率的下调看作是对抗危机的救市措施。相反,在出口关税税率下调的同时,矿产资源税的税收基数却在大幅度上升。这反映了政府将税收的重点从出口关税转移至矿产资源税上,用后者的增收部分弥补前者的损失部分,从而仍旧稳定收入的意图。①

尽管政府并没有真正减税的意图,但从实际的执行效果来看,新税制为石油公司起到了减负的作用(参见表 6-2)。2015 年上半年,俄罗斯主要石油公司的出口关税均出现大幅度同比下降。由于同期卢布计算的国际油价的下降幅度约为 13%,因此可以认为出口关税大幅度下降的主要原因是税率下调。与此对应的是矿产资源税有所上升,但涨幅控制在 10% 左右。总体而言,石油公司的税负比重呈现同

---

① 《2015—2017 俄罗斯联邦预算》草案(2014 年 6 月底提交)中未来三年的油气收入分别为 7.5206 万亿、7.5161 万亿和 7.5909 万亿卢布;正式预算法案(2014 年 11 月杜马批准)中分别为 7.7172 万亿、8.0320 万亿和 8.2079 万亿卢布。油气收入均保持稳中有升趋势。转引自童伟、雷婕《西方制裁下俄罗斯联邦政府预算规模及结构的演变》,《欧亚经济》2015 年第 2 期。这里的油气收入除表 6-1 所列项目外,还包括天然气出口关税、天然气和凝析油的矿产资源税。

比下降。其中,俄油公司的降幅甚至达到7%之多。

表6-2 主要石油公司的税负比重变化

	时间	2014年上半年	2015年上半年	同比(%)
俄油	缴纳税金(十亿卢布)	1461	1168	-20.1
	出口关税(十亿卢布)	845	481	-43.1
	除企业所得税外的税金(十亿卢布)	616	687	11.5
	总收入(十亿卢布)	2810	2600	-7.5
	税负比重(%)	52.0	44.9	-7.0
卢克	缴纳税金(百万美元)	17680	10145	-42.6
	出口关税(百万美元)	10826	5400	-50.1
	除企业所得税外的税金(百万美元)	6854	4745	-30.8
	总收入(百万美元)	73886	51294	-30.6
	税负比重(%)	23.9	19.8	-4.1
俄气石油	缴纳税金(十亿卢布)	300.2	275.9	-8.1
	出口关税(十亿卢布)	126.1	88.2	-30.1
	除企业所得税外的税金(十亿卢布)	174.1	187.7	7.8
	总收入(十亿卢布)	814.5	803.3	-1.4
	税负比重(%)	36.9	34.3	-2.6

注:除企业所得税之外的税金包括矿产资源税、资产税等。
资料来源:各公司季度报告。

尽管政府意图维持稳定的油气收入,但是2015年上半年油气收入还是出现同比下降。在仅计算出口关税和矿产资源税的情况下,油气收入的总体降幅达到20%。其中出口关税减少40%,矿产资源税增长11%,这与石油公司的税额变化趋势相同。然而,如果考虑到油价下跌等外力因素（-13%），即其中13%的税收降幅是可以接受的话，那么实际或额外降幅则为7%。显然，新税制并没有实现政府稳定油气收入的目标，但却创造了一种巧合，即政府油气收入的实际降幅恰与俄油公司的税负比重降幅相同。这可以解释为客观上政府将一部分收入让渡给了石油企业。

表6-3　　　　　　　俄罗斯联邦政府油气收入变化

	2014年上半年（十亿卢布）	2015年上半年（十亿卢布）	同比（%）
出口关税	2246.53	1353.21	-40
原油	1257.69	705.81	-44
天然气	281.70	258.88	-8
成品油	707.14	388.52	-45
矿产资源税	1456.91	1622.81	11
总计	3703.44	2976.02	-20

资料来源：俄罗斯财政部。

这种让渡实际上是政府的"不情愿"所为，因为它降低了政府的实际收入。事实上，从新税制草案公布（2014年7月）以来，其主要制定方俄罗斯财政部就试图对其进行修改。这可能是由于油价下跌超过了预期，从而迫使财政部修正草案内容。财政部要求将原油的矿产资源税的税基数在草案的基础上每吨分别提高10卢布（2015年）和34卢布（2017年），但在油气公司、能源部和经济发展部的反对下没能写入草案。① 在新税制造成政府油气收入实际下降被实证后，财政部又要求对新税制进行再修改。初步的方案是将2016年原油出口关税的税率由原定的36%提升至42%，即维持2015年税率不变。② 这种提高税负的方法将会减少石油公司的现金收入，对其偿债能力和资本性投入产生影响，因此遭到油气公司，特别是俄油公司和能源部及经济发展部的一致反对。然而，从以往的经验和俄罗斯政府的现实需求来看，财政部的主张很可能会最终得到采纳。

除税制变更之外，俄罗斯政府还存在可以"主动"援助石油公司的其他方式，比如对石油公司进行直接资金援助或授意国有金融部门对其进行优惠资助。政府决定动用国民福利基金对诺瓦泰克公司的亚马尔LNG项目提供优惠贷款。俄油公司也自2014年下半年开始不断游说政府对其提供直接资金援助，但均遭到政府的拒绝。③ 根据普京的表态，获得政府资金资助需满足三个条件：一是面临较为严重的财务问题；二是用于投资具有代表性的项目（即对俄罗斯整体经济有

---

① *Ммнфин продлил маневры*. Коммерсантъ, August 21, 2014.
② *В Госдуму внесен законопроект о сохранении экспортной пошлины на нефть в 2016 году*, Коммерсантъ, October 10, 2015.
③ Moscow Snubs Rosneft Funding Plans, *Financial Times*, August 24, 2015.

正面影响）；三是已有前期投入。① 通过对俄油公司的经营业绩分析可得知，尽管净利润在下降，但其他财务指标均表现良好。反观诺瓦泰克公司，由于其规模相比俄油公司较小，在油价下跌和欧美制裁的条件下，融资能力要远小于俄油公司。此外，亚马尔LNG项目代表着俄罗斯未来天然气产业的发展方向，同时又是进行中的国际项目，俄罗斯企业在项目开展的同时不仅可以学习吸收先进的技术经验，还可以开拓新兴的亚太市场。这些特征符合政府直接资助的要求。

当前，俄罗斯石油公司还没有可以和亚马尔LNG相媲美的项目，因此获得政府直接资助的可能性不高，但这不代表其不能通过其他隐形渠道获得政府援助，比如获得国有银行的优惠贷款和新兴油气田矿产资源税方面的减免。如前所述，俄油公司通过回购协议方式在国内市场获得大量融资，极大地改善了偿债能力。由于回购协议的合作方并未公开，因此引起普遍的怀疑。有报道称俄罗斯央行参与了回购协议融资，并提供了较低的利率。②

关于是否应该为油气公司提供资金支援，政府内一直以来存在两种对立的看法。一种以财政部为代表，

---

① Putin: Rosneft Must Explain How State Funds Would Be Used, *International Oil Daily*, November 17, 2014.

② *Роснефть валюту не покупает, а занимает.* Ведомости, March 05, 2015.

认为油气行业作为最重要的产业应该在危机时帮助国家和其他产业的发展，而不应同其他弱势产业争夺资源。另一种以能源部和经济发展部为代表，认为正是由于油气产业至关重要的地位，危机时刻更应该对其进行援助，优先保证该产业的发展。这与俄罗斯经济结构转型和对资源产业依赖的矛盾相似，即要摆脱资源依赖，促进经济现代化转型，必须依靠资源产业提供的资金和其保障的稳定的社会经济环境，而这反过来又加深了对资源产业的依赖。因此，可以说，政府在石油公司对抗危机中的有意和无意的作为本质上都是无奈之举。

（二）企业的反制裁措施

对俄罗斯的石油公司自2014年下半年以来的资产重组和国际合作状况考察发现，主要石油公司积极调整经营策略以应对制裁。其特征可以总结如下。

1. 巩固国际市场中的地位

这个特征在俄油公司身上表现得尤为强烈。如前所述，俄油公司近年来多次利用长期贸易协议取得预付款，增强当期的流动性。长期贸易协议也帮助俄油公司扩展并稳固其在国际市场的份额。在需求放缓的环境下，长期贸易协议的重要性显著上升。2014年下半年以来，俄油公司先后与PDVSA、BP、Essar、中化等签订长期石油供货协议。其中，与PDVSA和BP的协议带有预付款规定。这些协议帮助俄油公司进入或确保其在对应地区的市场份额，从而保证收入的稳定。

2. 并购有增长潜力的资产

有增长潜力的资产可以理解为可以带动未来产量增长或增值的资产。有的资产可带来油气产量的提升，比如俄气石油收购北方天然气公司的股份，俄油公司收购巴西苏里摩尔项目权益。有的资产可以提升具有高附加值的炼化产品的比重，如俄油公司收购德国炼厂股份以及新古比雪夫石化厂股份；与中化公司和Essar公司商谈入股其旗下炼化项目；与BP商议炼厂资产交换；与中石油商谈天津炼厂项目合作等。有的资产可以提升某项板块业务的竞争力，比如俄油公司收购Weatherford旗下公司股份，收购Trican Well Service的在俄子公司，与北大西洋钻井公司（NADL）商谈资产交换，这些可以提升俄油公司在油服业务方面的实力。俄油公司还与中石油及埃及燃气公司（EGAS）就具有发展潜力的LNG业务展开合作。当然，欧美制裁也在一定程度上阻碍了俄罗斯石油公司在发展国际潜力上业务的扩展，比如俄油公司曾计划收购摩根士丹利的国际石油交易和运输资产，但未通过美国政府部门审批。①

3. 放弃低附加值资产

油价下跌和需求放缓对下游业务（特别是零售）的影响更大。卢克公司出售了其包括乌克兰在内的东欧地区部分国家的零售网络，俄油公司也出售其在欧洲零售网络的部分股权。对盈利能力较弱的资产的出售可以帮助公司改善经营绩效，也能增强公司的流动性。

4. 出售潜力项目的部分资产

与出售低附加值资产相同，转让潜力项目的部分资产可以改善企业的流动性。不同的是，出售的目的不是放弃，而是最大限度地吸引资金和技术，降低投资风险。也只有具有发展潜力的项目才会得到投资者的认可。俄油公司向BP、中石化、ONGC出售或商谈出售其在东西伯利亚地区的潜力油气项目的部分股权，

---

① 该交易得到欧洲管理当局及美国贸易委员会的批准，但未得到美国外国投资委员会的批准。Rosneft, Morgan Stanley Nix Oil Trading Deal, *International Oil Daily*, December 23, 2014; Rosneft, Morgan Stanley Terminate Oil Trading Business Sale Agreement, *Russia & CIS Energy Daily*, December 23, 2014。

在保证保留相关项目控股权的同时，取得约 22 亿美元的现金收入。俄油公司还与中化就出售远东石化项目的控制权股份事宜进行商谈。

5. 加强勘探和生产的技术合作

尽管欧美制裁限制了俄罗斯石油公司获取先进勘探和生产技术的能力，但这些公司仍然寻找制裁中的缝隙来增强自己的技术实力。俄油公司与 BP 在东西伯利亚地区开展勘探业务合作，与中海油、日本海洋钻井及北大西洋钻井公司开展大陆架勘探合作，与 Golar LNG 公司就浮式 LNG 设施展开合作，与倍耐力开展远东石化项目的相关技术服务。这些合作对推动俄油公司前沿业务的发展起到重要作用。此外，俄油公司也在与通用电气公司探寻相关油气设备本地化生产的可能性，这对于促进油气设备的进口替代和降低企业成本具有重要意义。

6. 重视与新兴市场地区的合作

俄罗斯的石油公司，特别是俄油公司近期国际合作的特点之一是与新兴市场地区合作的比重在相对上升。可以看到，俄油公司加强与亚太地区、印度、北非及拉美地区的合作。与这些地区的合作是涉及全产业链的，既有石油贸易合作，即从俄罗斯向这些地区供应原油或成品油,也有技术合作和资产交换。俄油公司与亚太地区的合作(比如中国、印度尼西亚)不仅加强其在亚太市场的地位,还推动了其在俄罗斯东部地区油气业务的发展。

七 俄罗斯在国际油气市场中的地位

俄罗斯在油气产量和出口量方面都排在世界前列，个别领域的技术实力也处于领先地位。近年来，俄罗斯能源企业积极进行海外扩张，大大增强了在国际能源市场上的存在感。然而，由于自身严重的油气依赖和能源技术特征，俄罗斯在全球能源市场中的作用依然有限。俄罗斯政府和企业也在进行多方面的转变以提高俄罗斯在国际油气市场中的作用。

（一）油气生产和出口位居世界前列

俄罗斯是世界油气生产和出口大国。根据2019年度BP能源统计，俄罗斯的油气储量均位居世界前十（参见表7-1和表7-2）。在产量方面，俄罗斯在2018年生产原油5.63亿吨，仅次于美国和沙特阿拉伯，位居世界第三；生产天然气6695亿立方米，居美国之后列世界第二位（参见表7-3和表7-4）。在出口方面，俄罗斯2018年出口原油2.73亿吨，占全球总出口量的12.4%，是排在沙特阿拉伯之后的世界第二大原油出口国；成品油出口量达到1.67亿吨，也位居全球第二，排在美国之后；天然气出口2479亿立方米（包括管道和液化天然气），位居世界第一。

表7-1　　　　　2018年年底国别原油探明储量

排名	国名	储量（亿吨）	占总量比例（%）
1	委内瑞拉	480	17.5
2	沙特阿拉伯	409	17.2
3	加拿大	271	9.7
4	伊朗	214	9.0
5	伊拉克	199	8.5
6	俄罗斯	146	6.1
7	科威特	140	5.9
8	阿拉伯联合酋长国	130	5.7
9	美国	73	3.5
10	利比亚	63	2.8

资料来源：BP Statistical Review of World Energy 2019。

表7-2　　　　　2018年年底国别天然气探明储量

排名	国名	储量（万亿立方米）	占总量比例（%）
1	俄罗斯	38.9	19.8
2	伊朗	31.9	16.2

续表

排名	国名	储量（万亿立方米）	占总量比例（%）
3	卡塔尔	24.7	12.5
4	土库曼斯坦	19.5	9.9
5	美国	11.9	6.0
6	委内瑞拉	6.3	3.2
7	中国	6.1	3.1
8	沙特阿拉伯	5.9	3.0
9	阿拉伯联合酋长国	5.9	3.0
10	尼日利亚	5.3	2.7

资料来源：BP Statistical Review of World Energy 2019。

表7-3　　　　　　　　　　2018年国别原油产量

排名	国名	产量（亿吨）	占总量比例（%）
1	美国	6.69	15.0
2	沙特阿拉伯	5.78	12.9
3	俄罗斯	5.63	12.6
4	加拿大	2.56	5.7
5	伊拉克	2.26	5.1
6	伊朗	2.20	4.9
7	中国	1.89	4.2
8	阿拉伯联合酋长国	1.78	4.0
9	科威特	1.47	3.3
10	墨西哥	1.02	2.3

资料来源：BP Statistical Review of World Energy 2019。

表 7-4　　2018 年国别天然气产量

排名	国名	产量（亿立方米）	占总量比例（%）
1	美国	8318	21.5
2	俄罗斯	6695	17.3
3	伊朗	2395	6.2
4	加拿大	1847	4.8
5	卡塔尔	1755	4.5
6	中国	1615	4.2
7	澳大利亚	1301	3.4
8	挪威	1206	3.1
9	沙特阿拉伯	1121	2.9%
10	阿尔及利亚	923	2.4

资料来源：BP Statistical Review of World Energy 2019。

俄罗斯是世界第三大生产国和第二大原油出口国。从全球原油产量 20 年的增量来看，俄罗斯是贡献最大的国家。1999 年以来，全球原油产量增加了近 9 亿吨，从休克疗法中逐步恢复的俄罗斯贡献了其中约 2.5 亿吨。俄罗斯生产的原油中一半用于直接出口，一半用于国内炼化，而炼化出的成品油又有约一半用于出口。综合考虑石油（包括原油和成品油）出口的话，俄罗斯将占据世界第一的位置，并且这一状态无疑是短期内不可动摇的。

（二）俄罗斯与国际原油定价

尽管石油储量、产量和出口量均位居世界前列，俄罗斯并未加入欧佩克组织，长期以来也未能在国际原油市场上发挥应有的作用，掌握定价权。造成这一局面既有历史的因素，也有产业技术和市场的因素。

1. 苏联/（俄罗斯）与沙特阿拉伯的交恶

苏联是首个与沙特阿拉伯建交的国家，20世纪30年代两国关系达到顶峰。1938年，在苏联技术人员的帮助下，沙特阿拉伯发现了石油资源。然而，随后两国关系中断，直到1992年才恢复。1986年国际油价大幅度下跌，苏联媒体指责其为美国和沙特阿拉伯操纵的"阴谋"，意图打击苏联经济。此外，两国在宗教、中东及中亚地缘政治问题、车臣问题上存在多重冲突，这种状况导致两国无法进行包括石油在内的国际经济合作。而且，苏联更多地被沙特阿拉伯指责在欧佩克组织提价的过程中"搅局""搭便车"。

2. 油气产地的地理限制

作为供给方，想要影响定价需要灵活的供给能力，这正是欧佩克组织所擅长的。然而，俄罗斯石油产业的技术特征却限制了其在这方面的能力。欧佩克组织的成员国大部分位于热带、亚热带，而俄罗斯的主要石油产区位于西伯利亚，气候寒冷。西伯利亚出产的原油石蜡成分较高，在低温下容易固化，不利于流动和管道运输。因此，生产的增减，特别是减产，将对生产设备和管道造成损害，进而增加恢复产量的金钱和时间成本。这种技术特征限制了俄罗斯对原油产量进行调整的能力。

俄罗斯虽然是油气大国，但油气产地分布极不平衡。从历史上看，俄罗斯的油气工业发展是逐步"东进"的过程，主力产地从最初的巴库周边到伏尔加—乌拉尔地区，再到现在的西西伯利亚（秋明州）地区。西西伯利亚地区集中了俄罗斯60%的原油产量和近90%的天然气产量。然而，由于常年开采导致资源枯竭，西西伯利亚地区的油气产量在逐步下降，其在俄罗斯油气产量中的比重也在逐步下降。为了填补西西伯利亚产量下降留出的空白，俄罗斯需要寻找新的替代油气田。《俄罗斯2035年前能源战略》草案明确指出东西伯利亚、北极圈及大陆架将是未来俄罗斯油气开发的重点区域。这些地区的油气储量丰富，有潜力接替西西伯利亚地区成为俄罗斯油气生产的主力地区。然而，要大规模地开发这些地区需要克服许多困难。第一，东西伯利亚和北极圈地处严寒冻土地带，气候恶劣，开采施工难度大；第二，东西伯利亚和北极圈地区缺乏油气生产所必需的基础设施，这也是这些地区长期以来未能得到开发的主要原因；第三，俄罗斯还不具备在大陆架，特别是严寒深水区域进行油气生产所必需的技术能力；第四，这些地区远离国内消费市场，也未能与传统欧洲方向的出口运输系统相连接，因此这些地区的开发需要配以相应的出口战略，即将资源开发与向亚太市场出口联系在一起；第五，低油价和欧美制裁部分影响了俄罗斯企业对这些地区的投资和技术使用能力。

3. 私有化改革对政府管控能力的限制

俄罗斯的油气产业从苏联的计划体制下转变而来，因而具有与其他油气生产国不同的特征。俄罗斯的石油工业与天然气工业也因为发展路径的不同而具有不同的特征。20世纪90年代中期开始，俄罗斯的石油产业实施了私有化改革，石油产业通过"股权换贷款"政策形成了多个寡头竞争的体系。虽然许多地方的中小企业也可以参与油田开发，但石油生产主要集中于几个大的公司，比如俄罗斯石油公司、卢克石油公司、秋明－BP公司、苏尔古特石油公司、西伯利亚石油公司等。除俄罗斯石油公司和俄罗斯天然气工业石油公司（Gasprom Neft）之外，其他的公司并不由政府控制。这些石油公司实行一体化经营，经营范围包括勘探开采、炼化、油品的批发与零售，但处于产业中游的石油运输，特别是管道运输却是独立于石油公司的。俄罗斯的石油管道运输由国有的俄罗斯国家石油管道运输公司经营，这决定了通过管道的出口要受到国家政策的影响。实际上，俄罗斯政府正是通过国家管道公司控制了独立于政府管理之外的油品的运输与出口。

与石油工业不同的是天然气工业。俄罗斯天然气工业公司从20世纪90年代起就保持着对天然气工业的垄断地位。虽然近年随着诺瓦泰克公司的崛起和石油公司天然气产量的增加，俄罗斯天然气公司的生产份额逐渐下降，但其仍然是俄罗斯乃至世界最大的天然气生产公司，控制着俄罗斯70%左右的天然气产量。与石油公司不同，俄罗斯天然气公司是真正的上下游一体化油气公司，因为除了上游的勘探开采和下游的批发零售之外，它还控制着天然气管道运输系统，并在法律上垄断了通过管道的出口权。俄罗斯油气工业结构现状符合政府加强对资源产业管理的意图，但由此也产生了一系列有关公平竞争的问题，比如石油公司的天然气管道利用和出口权问题、油气价格的寡头垄断问题。

尽管俄罗斯油气产业中国有比例在近年来得到回升，同时政府还控制着关键的石油运输领域，但相对于其他产油国，特别是欧佩克组织成员国，政府还是不能直接干预企业经营。与欧佩克组织成员国的国家石油公司体制不同，俄罗斯政府这种条件下不能用命令的方式对石油公司进行产量调整，只能通过调整税收的方式对石油公司的生产行为进行诱导。遗憾的是，整个20世纪90年代，俄罗斯政府几乎为大企业所俘获，税收不能很好地发挥调节生产的作用。这种产业技术和市场特征使得俄罗斯在国际原油定价方面的话语权几乎为零。

4. 油气出口对象分布不平衡

俄罗斯油气产品的出口方向极不平衡，偏向欧洲地区，但亚太地区的份额在逐步上升。尽管近年对亚太市场的出口增大，仍有超过53%的俄罗斯出口原油流向欧洲市场。除萨哈林－2 LNG项目外，几乎所有的出口天然气都输往欧洲及其沿线的独联体各国。

由于欧洲市场的油气产品价格较高、需求稳定，俄罗斯政府和油气企业非常重视保持和扩大在欧洲市场的份额。然而过多地依赖欧洲市场不仅给俄罗斯带了能源安全方面的问题，同时也限制了出口收入的增长。俄罗斯原油（出口原油）长期以来在地中海和北海这两大欧洲市场上都是参照北海布伦特原油价格进行交易。相比布伦特原油，乌拉尔原油的含硫量更高，

表 7-5　　　　　　　　　2018 年俄罗斯原油出口

	国家和地区	出口量（万吨）	占总量比例（%）
	欧洲	13799	53.0
其中	荷兰	4252	16.3
	德国	2355	9.0
	波兰	1774	6.8
	意大利	1311	5.0
	原苏联国家	2268	8.7
其中	白俄罗斯	1827	7.0
	立陶宛	418	1.6
	亚太	9323	35.8
其中	中国	6696	25.7
	韩国	1527	5.9
	日本	700	2.7
	总计	26056	100

资料来源：Таможенная статистика внешней торговли 2018（俄罗斯海关统计）。

这使得乌拉尔原油的交易价格一直低于布伦特原油。与原油市场不同，由于天然气的对欧出口全部通过管道输送，市场供需结构要比原油市场更加稳定，因此俄罗斯的主要出口商俄罗斯天然气公司长期以来作为供给方处于相对强势的地位。然而近年来随着欧洲市场中 LNG 的大量涌入，有利于俄罗斯的现行定价模式正面临来自需求方越来越大的压力。

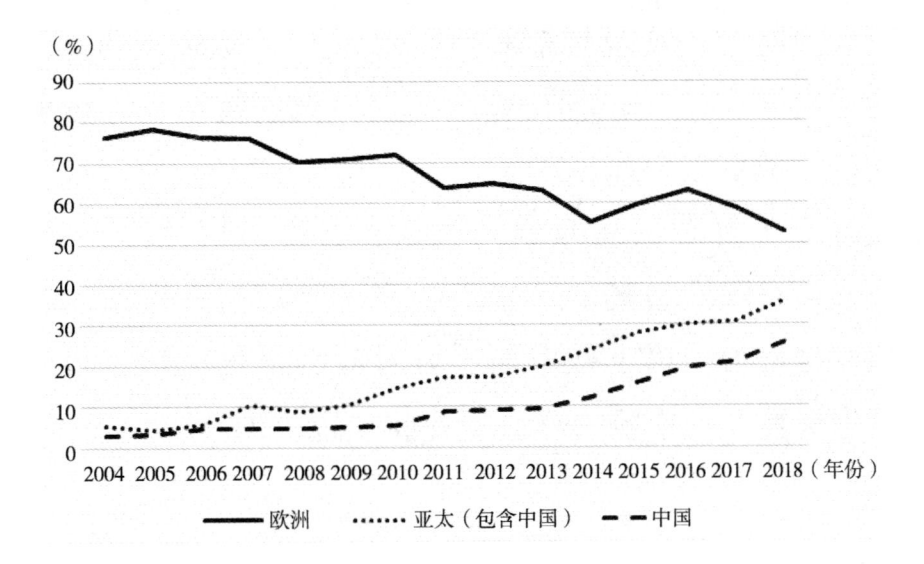

图 7-1 俄罗斯原油出口对象地区分布

由图 7-1 可知，欧洲是俄罗斯最重要的油气出口地区。俄罗斯虽然是欧洲的重要油气来源地，但其油气进口中俄罗斯占比在 30%—35%，谁更依赖于谁可以说是一目了然。然而，大众媒体眼中经常看到的是欧洲对俄罗斯的高度依赖，并借此力推欧洲进口多元化和对俄罗斯强化管制。即使在供给方相对弱势的低价时期仍是如此。原因在于，在对俄油气依赖方面，欧洲是分裂的。传统西欧国家对俄依赖程度要低于整个欧洲，而传统东欧国家则大大超出，部分国家接近100%。由于东欧国家在欧盟东扩和统合中的作用上升，在对俄能源关系上，东欧国家的意愿在欧盟决策中得到更多的反映。这解释了在北流管道 1 线和 2 线建设问题上，欧盟与东欧国家的态度（反对）和德国的态度（支持）不同的部分原因。根据复合相互依赖理论，俄罗斯、东欧国家、西欧国家在国际油气市场上组成了复杂的相互制约关系。然而，从总体上看，俄罗斯对欧洲市场的依赖仍要高于欧洲对俄罗斯的依赖，这使得理论上俄罗斯很难对欧洲市场的油气价格产生决定性的影响力（任意定价的能力）。

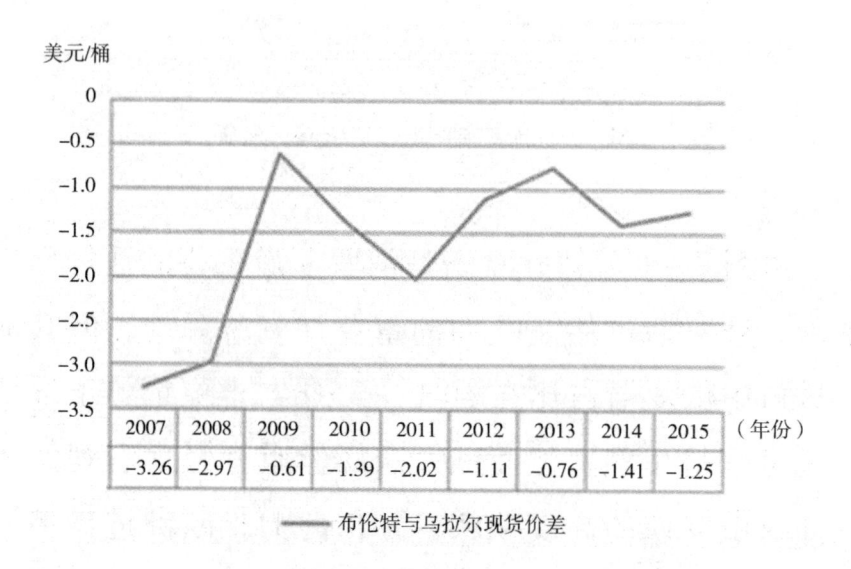

（年份）	2007	2008	2009	2010	2011	2012	2013	2014	2015
布伦特与乌拉尔现货价差	-3.26	-2.97	-0.61	-1.39	-2.02	-1.11	-0.76	-1.41	-1.25

图 7-2　布伦特原油与乌拉尔原油的年均现货价差

资料来源：乌拉尔价格来源于俄罗斯经济发展部，布伦特价格来自普氏。

上述四个因素严重影响了俄罗斯在国际油气市场上的话语权，因此俄罗斯政府采取各种措施以改变这种不利局面。总体上看，这些措施主要表现在加深与欧佩克组织的合作、区别对待不同油气出口对象国和开拓东方市场三方面。然而由于自身油气产业特征的限制，俄罗斯这些措施的效果可能不尽如人意。

（三）俄罗斯政府提高国际油气市场地位的努力

如果说20世纪90年代俄罗斯在国际原油定价方面是"有心而无力"的话，进入21世纪后，随着普京政权的稳固，俄罗斯政府在与欧佩克组织的合作和增强油价话语权方面的意愿和能力有了较大改善。在对近期油价回升起到重要推动作用的2016—2017年原油限产/减产协议中，俄罗斯发挥了重要的引领和协调作用。

1. 加强与欧佩克组织合作

加强与欧佩克组织合作主要表现在三个方面。

第一，引领限产/减产行动。在本次减产/限产协议的准备和执行过程中，俄罗斯政府都表现出积极的姿态。2014年下半年油价开始下跌后，俄罗斯与欧佩克进行了频繁的磋商。为监督减产协议的执行情况，联合部长级监督委员会（JMMC）得以设立，俄罗斯是其中两个非欧佩克成员国代表之一。协议设计了参与国的减产份额，其中欧佩克成员国和非欧佩克国家分别分得总计120万桶/日和55.8万桶/日的减产额度。俄罗斯承担的份额是30万桶/日，为非欧佩克国家最大份额。

第二，改善与沙特阿拉伯的关系。普京上任以来，俄罗斯与沙特的关系不断改善，这为俄沙两国及俄罗斯与欧佩克组织的合作创造了良好的外部环境。特别是2014年下半年之后，俄沙两国间高层互访频繁。2017年10月，沙特国王完成史上首次对俄访问。俄罗斯政府和企业还积极与沙特相关方探讨进行油气合作的可能。沙特能源部部长还出席了对俄罗斯具有重大象征意义的亚马尔LNG项目启动仪式。俄沙间关系的改善和深化为石油减产协议的推进创造了有利条件。

第三，协调本国企业和各国政府的立场。本次减产协议可以说是欧佩克成员国和非欧佩克国家史上规模最大的联合提价行动。这源于低油价对所有的原油出口国都造成了巨大伤害。然而，由于不同企业和不同国家的现实条件和利益诉求存在分歧，协议的达成几经周折。其中俄罗斯作为最大的非欧佩克原油出口国发挥了重要的协调作用。

俄罗斯政府协调本国企业进行减产。2004年以来，俄罗斯国内石油市场环境发生了结构性的变化，国有企业规模急速扩大，但以卢克石油公司和苏尔古特石油公司为首的私人资本的产量比重仍然较大。

2016年，在俄罗斯和欧佩克组织讨论限产/减产协议初始，包括国有企业在内的俄罗斯石油企业极力反对。但最后，在普京的干预下，俄企业同意参与限产/减产。

俄罗斯政府还协调其他出口国参与减产。欧佩克组织中关于限产/减产的最大分歧产生于沙特阿拉伯和伊朗之间。由于伊朗不能按制裁后的产量进行减产，沙特阿拉伯一度威胁退出限产/减产协商。俄罗斯虽然不是欧佩克组织成员国，但有效地协调了沙伊之间的矛盾，说服沙特实施限产/减产。在俄罗斯的带动下，其他非欧佩克出口国，如阿塞拜疆和哈萨克斯坦也都签署了限产/减产协议。俄罗斯的国际协调作用在一定程度上确保了限产/减产协议的实施和效果。

俄罗斯实施限产/减产后，俄罗斯政府和企业均认为获得了一定的收益。首先是油价得到了大幅提升。这一方面增加了政府的税收收入，另一方面也增加了企业的收入。此外，此次油价回升并未对卢布汇率造成太大波动，因此卢布计价的企业收入更为可观。其次，在限产/减产协议的实施过程中，俄罗斯政府发挥了重要作用，大大提升了其在国际石油市场的话语权，对于俄罗斯政府来说也是一个不小的收益。俄罗斯经济发展部和央行代表均发言阐述参与减产合作对俄罗斯经济的提升作用。俄罗斯能源部部长甚至表示要寻求 2019 年之后的减产合作。

然而，如前所述，俄罗斯石油产业存在先天不足（技术特征）和后天劣势（市场特征），未来能否持续实施减产值得怀疑。当前，俄罗斯主要的减产措施是放任自然减产，即通过停止对老旧油田进行追加投资而任其产量自然下降。俄罗斯的西西伯利亚和乌拉尔等地区的原油产量近年已出现逐步下滑的趋势。然而，如果产量控制影响到对新油田的投资，则会引发石油公司的反抗。卢克石油公司总裁已侧面表示了对这种趋势的担忧。

此外，尽管俄罗斯表面上积极引领减产并协调参与国之间的关系，但实际上俄罗斯本身完成减产义务的情况令人担忧。联合部长级监督委员会的数据显示，截至 2018 年 2 月，欧佩克国家的月度平均减产额完成率达到 102%，其中委内瑞拉、安哥拉、卡塔尔和沙特分别达到 164%、152%、129%、120%，位列前四。俄罗斯的完成率仅为 81%，甚至低于非欧佩克国家平均水平（85%）。这是典型的"口惠而实不至"，这种情况持续下去或引发其他协议参与国的不满。

俄罗斯的低完成率从一定程度上反映了"双层囚徒困境"。俄罗斯石油企业担心份额被其他国内企业占有，因此并未认真对待减产；俄政府也担心俄罗斯的减产份额被其他国家占有。俄罗斯央行最近的报告也反映了对这一情况的担忧。事实上,在 2017 年油价回升期间,美国、加拿大和巴西等国的原油产量都在增长。如果囚徒困境的忧虑扩展到其他协议参与国,那么限产/减产协议的维持将越发困难。

2. 区别对待欧洲与其他周边国家

俄罗斯试图巧妙地利用欧洲对俄油气依赖程度的不同,力图获得更大的油气出口收益。这主要体现在天然气定价方面:高依赖度=高价格,反之亦然,这激起东欧国家的强烈不满。理论上来说,俄罗斯的这种做法有其合理之处。占据垄断地位自然可以要求相应的垄断利润。然而,俄罗斯忘记了东欧国家可以联合起来利用欧盟与其抗衡,而这时相对依赖的天秤已倒向其自身。在全球天然气供给,特别是灵活性更强的 LNG 供给增加和价格低迷的背景下,俄罗斯在与欧盟国家进行能源价格和合同条款的谈判中逐渐处于守势,表现出妥协的姿态。可以说,这是欧盟作为整体利用俄罗斯对其高度依赖的市场优势所取得的合理结果。在制裁和低油价持续的时期内,由于缺乏有效的常规手段与之抗衡,在与欧盟的能源谈判中,俄罗斯的这种守势仍将持续。

对于原苏联国家,俄罗斯则没有像对欧盟那样客气,而是利用其垄断供给者和过境国的双重地位,挥舞能源大棒对这些国家"既打又拉"。然而，这种政策在有些国家取得一定效果，在有些国家则适得其反，而在有些地方甚至反受其乱。

在中亚地区，吉尔吉斯斯坦的能源供给基本上完全依赖俄罗斯。哈萨克斯坦、乌兹别克斯坦和土库曼斯坦等国虽然是重要的产油和产气国，但在油气外输方面也曾经或仍然严重依赖俄罗斯。这种依赖是由历史条件和能源的地理分布决定的，这使俄罗斯得以在苏联解体后的十余年里在价格和数量上控制这些国家。然而，在油价低迷和油气进出口多元化的条件下，维持这种依赖的成本越来越大，最典型的是俄罗斯与土库曼斯坦之间的天然气贸易。为保住土库曼斯坦的过境天然气，俄罗斯不断提高土库曼斯坦天然气的收购价格，但在价格回落和高额管输成本的双重压力下，让利的空间在不断缩小。此外，俄罗斯本身存在较大的剩余出口能力，与过境天然气在欧洲市场存在竞争关系。面对这些因素的变化，俄罗斯采取保障自身油气利益的政策，迫使这些国家寻找新的出口。其结果是俄罗斯在中亚的能源垄断地位呈现下降趋势，同时催生了在欧洲和中国等主要消费市场上新的竞争对手。

对于其他能源相对匮乏的原苏联国家，俄罗斯利用其垄断供给者的地位，实行差别定价，在攫取垄断利润的同时，力图确保对这些国家的政治外交影响，这在天然气贸易方面表现得尤为突出。俄罗斯出口白俄罗斯和亚美尼亚的天然气价格大幅度低于欧洲市场价格和对乌克兰及摩尔多瓦等国的出口价格。这可以理解为对白俄和亚美尼亚在政治上靠拢俄罗斯的回报，也可理解为对政治上与俄保持距离国家的"惩罚"。然而，政治上的亲疏远近无法改变能源权力的对比现状。白俄罗斯、乌克兰这些俄罗斯对欧油气出口的过境国便充分地利用其过境地位和俄罗斯望其向己方靠拢的渴求来抵消后者的垄断优势。苏联解体后，俄罗斯与白俄及乌克兰之间发生数次价格纠纷和断供事件，在较亲俄的库奇马执政时期与乌克兰之间的纠纷也多次发生。从近十年的能源纠纷来看，俄罗斯在处理与过境国的纠纷时缺乏有效的对抗手段。降价会损失垄断利润，断供面临国际政治的压力，绕道过境国则遭遇过境国和部分消费国的反对，同时丧失对过境国家的影响。当前，俄罗斯在努力维持出口价格底线的同时，试图通过寻找替代路径来降低过境风险。然而，北流管道遭受来自欧盟强大的政治压力，土流管道则在制造新的过境风险，极有可能重现蓝流管道的惨痛经历。兼有能源供给国和过境国双重身份的俄罗斯，在现有国际政治和能源市场环境下想要鱼（经济利益）和熊掌（政治利益）兼得是异常困难的。

3. 开拓亚太新市场

俄罗斯正通过扩大对世界其他地区的出口来解决过分依赖欧洲市场的问题。其中，最有潜力的市场就是亚太市场。随着远东地区的输油管道和 LNG 工厂的建成，俄罗斯对这一地区油气出口的比重随之逐步增长。2018 年，俄罗斯对亚太地区的原油出口占全部出口的比重达到 35.8%，而 2000 年初期这一比重还不足 3%。同时，俄罗斯也通过开展期货贸易、持稳定供给的措施来提高油气出口价格，争取油气商品的定价权。

随着东部地区能源开发的推进和对能源出口多元化的日益重视，以及亚太地区能源消费量的迅速增加，亚太地区在俄罗斯能源战略中的重要性不断上升。俄罗斯能源出口中亚太地区的比重持续攀升，来自该地区的油气公司对俄罗斯东部能源项目的投资也日趋扩大。与欧洲不同，亚太地区缺乏像欧盟这样的超国家机构，多年来持续探讨的多边能源合作机制尚未有效建成，因此俄可利用其供给国地位对亚太消费国分而治之，各个击破。尽管如此，鉴于与欧洲在能源问题处理上的经验和教训，俄罗斯极力避免对单个国家产生供给和过境依赖，这使其在具体能源合作项目的推进上异常谨慎小心。围绕俄罗斯境内东西伯利亚—太平洋原油管道和中俄间油气管道的价格和路线的争论，鲜明地反映了俄罗斯与亚太国家能源合作的现实。既要鱼和熊掌兼得，又不想受制于人，俄罗斯这种矛盾的心理致使其贻误了扩大亚太市场份额的最佳时机。

在油价下跌和欧美制裁环境下，俄罗斯转向东方的能源政策带有着更为鲜明的政治色彩，即寻找打破制裁封锁，威慑欧洲能源伙伴，增强在国际社会中的存在感。中俄结束马拉松式的东线天然气贸易谈判就是例证。此外，在资金压力下，俄罗斯还向亚太油企开放了对多年来严控的战略资产的投资。这种政治和经济条件的变化为亚太油企创造了多年来最好的进入时机。然而，事实上积极探讨参与投资的主要是中国的国有油企，日本的私人企业则紧守着萨哈林岛的成熟项目，韩国的国有企业亦未表现出明显的投资欲望。这说明不具有壳牌、埃克森以及 BP 等大型国际油企（Majors）实力的日韩企业对俄大型能源项目风险忌惮甚深。它们不但忌惮制裁波及自身，同时也忌惮俄罗斯出现类似"秋后算账"和"关门打狗"之类的政治风险。转向东方的能源政策正如其外交政策一样，并不意味着俄要放弃西方（欧洲）；欧盟迄今的强硬态度也表明与亚太国家能源合作的强化并未增强俄罗斯对欧谈判的砝码。转向东方的能源政策更多的效果将体现在国内资源开发和强化与俄罗斯东方大国的关系方面，对提振其在国际能源市场上的地位作用有限。

作为优势产业和财政收入的主要来源，能源产业在俄罗斯经济中的主导地位不会改变。未来的经济转型仍需能源产业提供资金和需求。俄罗斯需要认清本国的能源形势和在国际能源市场中的位置。俄罗斯仍然是全球前列的能源生产者和供给者，作为能源地缘政治理论的集成地，俄罗斯不会放弃使用能源工具来谋求更大的政治和经济利益。然而，主要能源消费国和地区正在利用其掌握的市场优势和过境地位逐步抵消俄罗斯的供给权力。因此，选择力所能及的合适的政策目标成为俄罗斯执政者的首要任务。这些政策目标应包括但不限于保持能源产量稳中有升、发展先进的能源技术、开放国内能源市场、提供更为灵活的能源贸易方式和定价方式等。俄罗斯拥有出众的能源禀赋和地缘优势，在合理政策目标的指引下，其作为能源大国在国际社会上的作用和地位可以得到良好的发挥和巩固。

附录 当前俄罗斯主要大中型 LNG 项目介绍

萨哈林-2 项目

位于萨哈林岛，2009 年正式投产。拥有两条生产线，总产能 1093 万吨/年。总投资约 200 亿美元。俄气公司（50%+1）、壳牌（27.5%-1）、三井物产（12.5%）、三菱商事（10%）为项目股东。正在讨论建设第三条生产线，并与萨哈林-1 项目公司商讨新生产线天然气供给事宜。

亚马尔项目

位于亚马尔半岛，拥有三条生产线，总产能 1650 万吨/年，总投资额 270 亿美元。第一条生产线 2017 年 12 月投产，第二条和第三条分别计划于 2018 年第三季度和 2019 年第一季度投产。诺瓦泰克公司（50.1%）、道达尔（20%）、中石油（20%）、丝路基金（9.9%）为项目股东。法国 Technip 公司（50%），日本日挥公司（25%）和千代田化工建设公司（25%）为总承建商。正考虑建设第四条生产线，产能在90万/年—95万吨/年，计划全部使用俄国生产技术和设备。

北极-2项目

位于吉丹（积丹）半岛，预期建设三条生产线，总产能1830万吨/年。计划2022—2023年投产第一条生产线，2024年、2025年分别投产第二条和第三条生产线。诺瓦泰克公司为项目作业者，法国、中国、日本企业已分别出资购入相应的股权。

波罗的海项目

位于波罗的海沿岸乌斯季·卢加港附近，计划建设两条或三条生产线，总产能1000万—1500万吨/年。俄气公司和壳牌公司为主要股东。2017年8月，两公司签署协议共同开展投资可行性调查，并计划七个月内完成调查。项目计划最大限度地使用俄国生产技术和设备，使用俄技术标准和国际技术标准。

远东项目

位于海参崴附近，计划建设两条或三条生产线，总产能达1000万—1500万吨/年。2013年2月，俄气公司通过最终投资决定，但 2015 年暂停规划。俄气公司高管近期表示产能将缩小至 150 万吨/年左右。俄气公司为项目作业者，三井物产等日本公司表示出参与兴趣。

佰朝拉项目

位于涅涅茨自治区巴伦支海沿岸，计划建设两条生产线，总产能达 520 万吨/年，投资额预估在 53 亿—66 亿美元左右。2016 年启动前段技术设计。项目作业方为俄油公司（50.1%）和 CH Gas Pte LTd 公司（49.9%）间的合资公司。英国、中国等国公司表示出参与兴趣。

参考文献

富景筠:《俄罗斯与欧佩克:竞争与合作的复杂关系》,《当代世界》2019年第8期。

刘乾:《西方制裁下的俄罗斯北极油气开发》,《欧亚经济》2019年第4期。

刘旭:《油价下跌与欧美制裁下的俄罗斯石油企业经营现状分析》,《俄罗斯研究》2015年第5期。

陆京泽:《欧美经济制裁对俄罗斯石油和天然气公司的影响》,《国际石油经济》2014年第10期。

陆南泉、李永全、徐坡岭等:《俄罗斯经济是否患有"荷兰病"》,《欧亚经济》2014年第2期。

曲文轶:《资源禀赋、产业结构与俄罗斯经济增长》,《俄罗斯研究》2007年第1期。

童伟、雷婕:《西方制裁下俄罗斯联邦政府预算规模及结构的演变》,《欧亚经济》2015年第2期。

徐坡岭:《俄罗斯的经济航船能否驶出迷雾险滩》,

《世界知识》2016年第7期。

徐坡岭：《俄罗斯进口替代的性质、内容与政策逻辑》，《俄罗斯东欧中亚研究》2016年第3期。

许勤华、时殷弘：《中国对外战略中的俄罗斯：显著意义和潜在负项》，《俄罗斯东欧中亚研究》2016年第2期。

张健：《中日俄石油期货市场发展与合作》，《俄罗斯东欧中亚研究》2019年第4期。

Clifford Gaddy, Barry Ickes, "Resource Rents and the Russian Economy", *Eurasian Geography and Economics*, Vol. 46, No. 8, 2005, pp. 559–583.

James Henderson, Tatiana Mitrova, Patrick Heather, Ekaterina Orlova and Zlata Sergeeva, "The SPIMEX Gas Exchange: Russian Gas Trading Possibilities", *OIES Paper: NG 126*, January 2018.

J. Henderson, "Key Determinants for the Future of Russian Oil Production and Exports", *OIES Paper: WPM 58*, April 2015.

Masaaki kuboniwa, Shinichiro Tabata, Nataliya Ustinova, "How Large is the Oil and Gas Sector of Russia? A Research Report", *Eurasian Geography and Economics*, Vol. 46, No. 1, 2005.

Nadia Sabitova, Chulpan Shavaleyeva, "Oil and Gas Revenues of the Russian Federation: Trends and Prospects", *Procedia Economics and Finance*, Vol. 27, 2015.

Shinichiro Tabata, "Observations on Changes in Russia's Comparative Advantage, 1994 – 2005", *Eurasian Geography and Economics*, Vol. 47, No. 6, 2006.

Shinichiro Tabata, "The Influence of High Oil Prices on the Russian Economy: A Comparison with Saudi Arabia", *Eurasian Geography and Economics*, Vol. 50, No. 1, 2009, pp. 75 – 92.

Алексей Кудрин. Влияние доходов от экспорта нефтегазовых ресурсов на денежно – кредитную политику России // Вопросы Экономики, № 3, Март 2013.

本村真澄:「ロシア:油価下落のロシア経済と石油生産に及ぼす影響」,『石油・天然ガス資源情報』2015 年 1 月。

本村真澄:「ロシア:低油価でも増産を維持するロシア石油産業 – コンデンセート増産の効果」,『石油・天然ガス資源情報』2015 年 8 月。

田畑伸一郎:「経済の石油・ガスへの依存」,田畑伸一郎編著『石油・ガスとロシアの経済』,北海道大学出版会 2008 年版。

刘旭，中国人民大学国际关系学院讲师。中国人民大学国家发展与战略研究院研究员、国际能源战略研究中心执行主任。主要研究领域包括国际能源合作、俄罗斯东欧中亚能源政策、转型经济。在中、英、俄、日等语言的学术刊物上发表文章数十篇。为《全球能源新闻索引》主编和《中国能源国际合作报告》副主编。